문제로
강해지는
중등
어휘력

1단계

구성과 특징

어휘력을 탄탄히 키우면 전과목의 이해가 수월해집니다.

이 책은 중등 교과 연계 어휘로 구성되어 있습니다.

문제 풀이를 통해 효율적으로

필수 어휘를 학습할 수 있도록 구성하였습니다. .

어휘력을 키워 내신과 독해력에도 강해집니다!

모든 공부의 기초인 어휘!

어휘 공부에 관심을 갖고 꾸준한 단계를 밟아 나가면서

어휘 실력을 쑥쑥 키워나가길 바랍니다.

다음 빈칸에 알맞은 말을 쓰시오.

1. 돌다리는 | 하 | 서 | 어 | 다.

· 둘 이상의 실질 형태소가 결합하여 하나의 단어가 된 말.

2. 그 편지에는 난해한 | 아 | | 가 적혀 있었다.

· 비밀을 유지하기 위하여 당사자끼리만 알 수 있도록 꾸민 약속 기호.

3. A팀이 우수한 작품을 | 서 | 저 | 하는 일을 맡았다.

· 여럿 가운데서 어떤 것을 뽑아 정하다.

4. 그 소설을 읽고 깊은 | | 며 | 을 받았다.

· 감격하여 마음에 깊이 새김.

5. 노래를 좋아하는 민아의 꿈은 | 자 | ㅅ | ㄱ | 다.

· 전문적으로 노래의 가사를 짓는 일에 종사하는 사람.

6. 수필은 | 시 | 벼 | 자 | ㄱ | 저 |[1] 인 글로 내가 좋아하는 | 자 | ㄹ |[2] 다.

· 1) 자신의 주변에서 일어나는 여러 가지 일을 적음.

· 2) 문예 양식의 갈래.

7. 쇠붙이는 모두 모아서 한꺼번에 | 요 | ㅎ | | 에서 녹일 것이다.

· 금속을 녹여서 액체 상태로 만드는 가마.

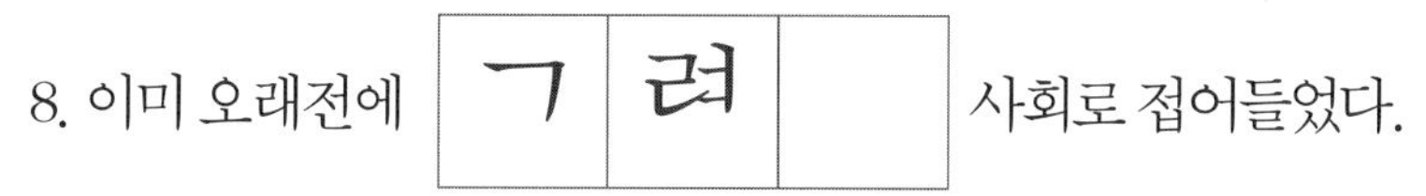

8. 이미 오래전에 ㄱ 령 사회로 접어들었다.

· 한 사회에서 노인의 인구 비율이 높은 상태로 나타남.

9. 룸메이트가 된 그들은 서로 ㄱ ㅊ 관 1) 과 취 햐 2) 이 비슷했다.

· 1) 가치에 대한 관점.
· 2) 하고 싶은 마음이 생기는 방향.

10. 강의 하류에 거대한 사 각 ㅈ 가 형성되어 있었다.

· 강이 바다로 들어가는 어귀에, 강물이 운반한 모래, 흙이 쌓여 이루어진 편평한 지형.

11. 고체는 입자의 배열이 규 치 저 이다.

· 일정한 질서가 있거나 규칙을 따름.

12. ㅍ 래 터 의 예는 일상에서도 찾아볼 수 있다.

· 한 부분이 전체의 형태와 닮은 도형.

13. 소장의 아 ㅈ 과 에서 지방산과 글리세롤이 흡수된다.

· 장 안벽의 융모 속에 있는 림프관.

14. 그 곡은 ㅅ 나 형식으로 지어졌다.

· 기악 형식의 하나로 제시부, 발전부, 재현부, 코다의 순서로 이루어진다.

밑줄 친 말의 알맞은 뜻을 고르시오.

15. 식물은 잎을 통해 이산화탄소를 흡수한다. (　　　　)

① 옮겨심기하다.

② 빨아서 거두어들이다.

16. 저는 어른이 되면 비행기를 조종하는 일을 하고 싶어요. (　　　　)

① 비행기나 선박, 자동차 따위의 기계를 다루다.

② 어떤 기준이나 실정에 맞게 정돈함.

17. 독서를 할 때는 내용을 예측하면서 읽으면 유익하다. (　　　　)

① 미리 헤아려 짐작하다.

② 공정하지 못하고 한쪽으로 치우친 생각.

18. 공황 장애로 인한 고통을 호소하였다. (　　　　)

① 이유 없이 갑자기 심한 불안과 공포를 느끼는 병.

② 밤에 잠을 자지 못하는 증상.

19. 경쟁이 과열되는 것을 방지하기 위한 방책이었다. (　　　　)

① 방법과 꾀.

② 일을 할 때 쓰는 연장.

빈칸에 들어갈 알맞은 말을 고르시오.

20. 식물은 ______________을 통해 포도당과 산소를 생성한다.

· 식물이 빛에너지를 이용하여 양분을 만드는 과정.

① 광합성(　　　)　　② 호흡(　　　)　　③ 소화(　　　)

21. 시각적 심상은 _____으로 모양, 색, 움직임을 보는 듯한 느낌의 심상이다.

· 빛의 자극을 받아 물체를 볼 수 있는 감각 기관.

① 눈 (　　　)　　② 피부(　　　)　　③ 코(　　　)

22. _________은 타인에 대한 배려를 잊지 말고 예의를 지켜야 한다.

· 사이버 공간에서 활동하는 사람.

① 관람자 (　　　)　　② 학생(　　　)　　③누리꾼(　　　)

23. ___________이 있는 자재는 가격이 비싸다.

· 물질적 욕구에 비해 그 충족 수단이 질적 · 양적으로 제한되어 있거나 부족한 상태.

① 희소성 (　　　)　　② 공공재(　　　)　　③ 다양성(　　　)

24. BTB _______은 산염기지시약이다.

· 두 가지 이상의 물질이 균일하게 혼합된 액체

① 승화(　　　)　　② 용질(　　　)　　③ 용액(　　　)

밑줄 친 단어의 뜻에 알맞은 말을 쓰시오.

25. 그는 자신의 오랜 장래희망이었던 과학자가 되었다.

· [ㅈ][여] 현상에 대해 연구하는 직업.

26. 기습 추위가 몰려올 예정이니 난방에 신경 써야 한다.

· 실내의 [오][ㄷ]를 높여 따뜻하게 하는 일.

27. 녹말은 침에 의해서 엿당으로 분해된다.

· 한 종류의 [화][하][ㅁ]이 두 가지 이상의 간단한 화합물로 변화함.

28. 어떤 기준으로 분류할 것인지 생각하세요.

· [조][ㄹ]에 따라서 가름.

29. 기왕이면 [ㄱ][회][ㅂ][요]이 가장 적은 쪽을 택해야 한다.

· 어떤 품목의 생산 비용을 그것 때문에 생산을 포기한 품목의 가격으로 계산한 것.

30. 장비에 윤활유를 발라두어서 더이상 불쾌한 소리가 나지 않았다.

· 기계가 맞닿는 부분의 마찰을 덜기 위하여 쓰는 [ㄱ][르].

31. 헨델은 메시아를 작곡하였다.

· 음악 작품을 [차][자]하는 일.

다음 중 맞는 것에 동그라미 치고 빈칸에 알맞은 말을 쓰시오.

32. 생명을 (**잉태/분열**)[1]한다는 것은 (**경이로운/이지적인**)[2] 일이다.

· 아이나 새끼를 [배][3].   · 놀랍고 [시][ㄱ][4]한 데가 있다.

33. 쓸개즙은 (**지방/단백질**)의 소화를 돕는다.

· 지방산과 글리세롤이 결합한 [유][ㄱ] 화합물.

34. 이 지도는 (**축척/방위**) 이만분의 일의 지도이다.

· 지도에서의 거리와 지표의 실제 거리와의 [비][ ]. 몇만분의 일 등으로 표시.

35. 그로 인해 발생한 문제점과 단점을 (**통렬하게/명백하게**) 비판했다.

· 몹시 [나][ㅋ][롭][ㄱ] 매섭다.

36. 한때 경쟁했던 사이였지만 너그럽게 (**포용/대접**)하기로 했다.

· 남을 너그럽게 [가][ㅆ] 주거나 받아들임.

37. (**공동체/구성원**) 의식을 가지고 각자의 역할에 충실했다.

· 생활이나 행동 또는 목적 따위를 같이하는 [지][다].

38. (**시큼한/달콤한**) 맛을 내는 시트르산은 칼슘을 흡수하는 데 도움이 된다.

· 맛이나 냄새 따위가 조금 [ㅅ][ ].

다음 중 의미가 통하는 것을 고르시오.

따르다	①다른 사람이나 동물의 뒤에서 같이 가다. ②앞선 것을 좇아 같은 수준에 이르다. ③좋아하거나 존경하여 가까이 좇다.

1. 그냥 앞 사람만 따라갔다. (　　　　　)

2. 민수는 누나를 무척 따르고 좋아했다. (　　　　　)

3. 아무도 나의 솜씨를 따를 수 없을 걸? (　　　　　)

내리다	①눈, 비, 서리, 이슬 따위가 오다. ②타고 있던 물체에서 밖으로 나와 어떤 지점에 이르다. ③판단, 결정을 하거나 결말을 짓다.

4. 어렵게 내린 결론이니 반대하지 말아 주십시오. (　　　　　)

5. 차가운 서리가 내리는 새벽. (　　　　　)

6. 역에 도착했으니 지금 전철에서 내려야 해. (　　　　　)

울다	①감정이나 아픔을 참지 못하여 눈물을 흘리다. ②짐승, 벌레, 바람 따위가 소리를 내다. ③종이나 천둥, 벨 따위가 소리를 내다.

7. 영화를 보다가 그만 소리 내어 울고 말았다. (　　　　　)

8. 종이 울리고 사람들은 잠시 하늘을 바라보았다. (　　　　　)

9. 풀벌레 우는 소리가 요란하다. (　　　　　)

다음 중 맞는 것에 동그라미 치고 빈칸에 알맞은 말을 쓰시오. [:]는 길게 발음되는 것을 의미한다.

10. 간밤에 내린 [눈] / [눈 :] 에 길이 미끄러우니 조심하세요.

· 대기 중의 수증기가 찬 기운을 만나 얼어서 땅 위로 떨어지는 얼음의 결정체.

11. [밤] / [밤 :]은 맛있고 건강에도 좋다.

· 밤나무의 열매

12. [속] / [속 :]이 쓰려서 약을 먹었다.

· 사람의 몸에서 배의 안 또는 위장.

13. 어려운 [용어] / [용 : 어] 는 따로 정리하여 뜻을 찾아보았다.

· 일정한 분야에서 주로 사용하는 말.

14. 기차가 [굴] / [굴 :] 에 들어가자 시야가 어두워졌다.

· 산이나 땅 밑을 뚫어 만든 길.

15. 이번 [설] / [설 :] 에는 온가족이 다 모였다.

· 설날.

16. 싱싱한 [굴] / [굴 :] 이 밥상에 올랐다.

· 굴과의 연체동물.

밑줄 친 말의 뜻풀이에 알맞은 말을 쓰시오.

17. 얼굴의 눈과 하늘에 내리는 눈은 동음이의어다.

· 소리는 같으나 | 뜻 | 이 다른 단어.

18. '옷걸이'의 형태소를 분석해보아라.

· | | 을 가진 가장 작은 말의 단위.

19. 다음에 해당하는 단어를 3음절로 답하시오.

· 하나의 | 조 | 하 | 된 음의 느낌을 주는 말소리의 단위.

20. 요즈음 사내에서 재미있는 은어가 생겼다.

· 어떤 부류의 사람들이 다른 이들은 알아듣지 못하도록 | ㅈ | ㄱ | ㄷ | ㄲ | |
만 자주 사용하는 말.

21. 비속어 사용을 자제합시다.

· 격이 낮고 | 속 | 된 | 말.

22. 여러가지 재미있는 새말이 많지만, 자칫 뜻을 모르는 이들에게는 소외감을 줄 수 있다.

· | 새 | | 생긴 말.

23. 네가 쓴 글에는 일상어로 가득하다.

· | 평 | ㅅ | 에 늘 쓰는 언어.

다음 중 뜻이 통하는 것을 고르시오.

호흡	①숨을 쉼. ②함께 일을 하는 사람들과 조화를 이룸. ③생물이 산소를 흡수하고 이산화 탄소를 몸 밖으로 내보냄.

24. 함께 일하는 사람들과의 호흡이 잘 맞아서 재미있고 보람도 있었다. (　　　　　)

25. 매순간 호흡하는 이 순간. (　　　　　)

26.'호흡'을 소리나는 대로 쓰시오. (　　　　　)

이용	①대상을 필요에 따라 이롭게 씀. ②타인이나 대상을 자신의 이익을 채우기 위한 방편으로 씀.

27. 잔반을 이용하여 퓨전 요리를 만들었다. (　　　　　)

28. 실컷 이용만 하고 이제 토사구팽하는 모양이다. (　　　　　)

29. '이용'을 소리나는 대로 쓰시오. (　　　　　)

세력	①권력이나 기세의 힘. ②어떤 속성이나 힘을 가진 집단.

30. 주변의 작은 나라를 정복하면서 세력을 키워나갔다. (　　　　　)

31. 조선 건국의 중심 세력은 신진 사대부와 신흥 무인 세력이다. (　　　　　)

32. '세력'을 소리나는 대로 쓰시오. (　　　　　)

다음 속담을 보고 알맞은 답을 쓰시오.

33. 다음 빈칸에 공통적으로 들어갈 말은? (   )

· ______가 나다	· 앓는 ______
· 입 안의 ______	· 귀신 씻나락 까먹는 ______

34. 뜻이 통하는 것끼리 이으시오.

① ___가 나다 ·	· ㉠ 일부러 구실을 대며 걱정하는 모양.
② 앓는 ____ ·	· ㉡ 이러쿵저러쿵 말썽이 생기다.
③ 입안의 ____ ·	· ㉢ 엉뚱하고 쓸데없는 말.
④ 귀신 씻나락 까먹는 ____ ·	· ㉣ 입속에서 웅얼웅얼거리는 작은 말소리.

35. 다음 빈칸에 공통적으로 들어갈 말은? (   )

· ___에 못이 박히겠다	· 이로운 말은 ___에 거슬린다
· 한 ___로 듣고 한 ___로 흘린다	· ___에 걸면 __걸이 코에 걸면 코걸이

36. 뜻이 통하는 것끼리 이으시오.

① ___에 못이 박히겠다 ·	· ㉠ 남의 말을 귀담아듣지 아니한다는 말.
② 한 ___로 듣고 한 ___로 흘린다 ·	· ㉡ 같은 말을 반복하여 더이상 듣기 힘들다.
③ 이로운 말은 ___에 거슬린다 ·	· ㉢ 이렇게도 되고 저렇게도 될 수 있음.
④ ___에 걸면 __걸이 코에 걸면 코걸이 ·	· ㉣ 유익한 말이 거슬릴 수도 있어 잘 판단해야 함.

다음 중 맞는 것에 동그라미 하시오.

37. 쯔놈문자는 베트남의 민족 문자로 한자의 ________을 받았다.

· 어떤 사물의 효과나 작용이 다른 것에 미치는 일.

① 지양(　　　)　　② 지원(　　　)　　③ 영향(　　　)

38. 최대공약수가 1인 두 자연수를 ________라고 한다.

① 서로소(　　　)　　② 약수(　　　)　　③ 배수(　　　)

39. 북반구에서 보는 별자리와 남반구에서 보는 ________는 서로 다르다.

· 별의 위치를 정하기 위해 밝은 별을 중심으로 천구를 몇 부분으로 나눈 것.

① 자전(　　　)　　② 태양계(　　　)　　③ 별자리(　　　)

40. 마그마가 지각 내부에서 식으면 ________을 형성한다.

· 마그마가 땅속 깊은 곳에서 천천히 식어 굳어져서 생긴 화성암.

① 심성암(　　　)　　② 화산암(　　　)　　③ 현무암(　　　)

41. ________은 우리 몸을 구성하는 성분이며 3대 영양소 중 하나이다.

· 아미노산이 펩타이드 결합을 하여 생긴 여러 개의 아미노산으로 이루어진 고분자 화합물.

① 단백질(　　　)　　② 무기염류(　　　)　　③ 물(　　　)

42. 화학적 형태와 성질을 잃지 않고 분리될 수 있는 최소의 입자를 ______라고 한다.

① 물질(　　　)　　② 분자(　　　)　　③ 원소(　　　)

밑줄 친 부분을 하나의 단어로 바꾸어 쓰시오.

1. 우리는 육지와 바다가 만나는 선을 따라 30분 넘게 걸었다.

ㅎ	아	서

2. 시골의 작은 마을에서 대도시로 이사를 왔다.

초	라

3. 몹시 모질고 혹독한 형벌이 내려졌다.

ㄱ	호	하

4. 그 소설에는 익살스럽고도 품위가 있는 말이나 행동이 잘 드러나 있다.

ㅎ	하

5. 의외로 그녀가 담력이 크고 용감해서 모두 놀랐다.

대	다	하

6. 그의 발표는 이론이나 이치에 합당하고 논리 정연했다.

하	리	저

7. 들디 실력이 막상막하라서 나음과 못한 것을 가리기 어렵다.

ㅇ	여

8. 작은 실수도 큰 관심 없이 대강 봐 넘기지 말고 미리 예방합시다.

가	과	ㅎ	다

9. 이 약은 감기에 특별한 효험이 있다.

트	

10. 뜻하지 않게 갑자기 나타나서 놀랐다.

호	여	ㅎ

다음 중 맞는 것에 동그라미 하고 빈칸에 알맞은 말을 쓰시오.

11. 사람은 누구나 (**존중**/**천대**) 받아야 한다.

· 높이어 | 귀 | ㅈ | 하게 대함.

12. 홍익인간은 널리 인간세계를 (**이롭게**/**새롭게**) 한다는 뜻이다.

· 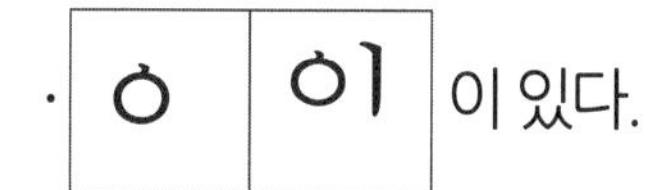

이 있다.

13. 청동기 시대의 (**고인돌**/**반달돌칼**)은 족장의 무덤이다.

· 큰 돌을 몇 개 둘러 세우고 그 위에 넓적한 돌을 덮어 놓은 | 무 | 덤 |.

14. 태양의 (**표면**/**내부**)에는 쌀알무늬가 있다.

· 사물의 가장 | ㅂ | 깥 | 쪽이나 가장 윗부분.

15. 게르만족의 이동으로 인해 서로마제국이 멸망하여 고대 사회가 (**붕괴**/**존치**)되었다.

· 무너지고 | ㄲ | 어 | 지 |.

16. 신분제도에 불만이 있었던 그는 사회 (**관념**/**관습**)에 저항하였다.

· 어떤 사회에서 오랫동안 지켜져 구성원들이 널리 인정하는 | 질 | 서 | 나 풍습.

17. 부디 빠른 (**쾌유**/**문병**)을 바랍니다.

· 병이나 상처가 깨끗이 | ㄴ | 으 |.

다음 빈칸에 알맞은 말을 쓰시오.

18. 고체 상태인 얼음에 [아][려] 을 가하면 얼음은 액체가 된다.

· 두 물체가 접촉면을 경계로 서로 그 면에 수직으로 누르는 단위 면적에서의 힘의 단위.

19 [ㅅ][ㄱ] 하는 사람이 지금 오고 있습니다.

· 거두어 가다.

20. 갑자기 분위기가 격해지며 싸움을 하려고 하자 주위에서 놀라 [마][ㄹ] 했다.

· 붙들고 못 하게 말림.

21. 일단 충돌을 피하기 위해 [회][ㅇ] 하는 방향으로 결정했다.

· 가르쳐서 깨우침.

22. 그의 웹사이트는 [코][테][ㅊ] 가 탄탄하여 인기가 많았다.

· 인터넷 등을 통해 제공되는 각종 정보나 그 내용물.

23. 1492년 콜럼버스가 [시][ㄷ][ㄹ] 을 발견하였다.

· 넓은 의미로 남북아메리카 대륙 및 오스트레일리아 대륙.

24. 이를 테면 [ㅇ][가][ ] 와 같은 절대적인 사랑 말이다.

· 종교적인 무조건적 사랑.

25. 셰익스피어는 햄릿, 베니스의 상인 등의 작품을 쓴 [그][자][ㄱ] 이다.

· 연극의 극본을 쓰는 것을 업으로 하는 사람.

26. 어차피 안 될 일이니 그만 [다][녀] 하는 것이 좋겠다.

· 품었던 생각을 아주 끊어 버림.

27. [ㅎ][바] 천이백미터의 산을 오르는데 성공했습니다.

· 해수면으로부터 계산하여 잰 육지나 산의 높이.

28. 달에는 대기가 없어 [이][ㄱ][ㅊ] 가 매우 크다.

· 기온, 습도, 기압 따위가 하루 동안에 변화하는 차이.

29. 여기는 이 지역의 [랜][ㄷ][ㅁ][ ] 로 꼽히는 곳이다.

· 어떤 지역을 대표하거나 구별하게 하는 표지.

30. 나는 맹자의 성선설을 믿어 인간이 [서][처][저] 으로 선하다고 생각한다.

· 태어날 때부터 지니고 있는.

31. 환경에 영향을 많이 받고 한 세대가 길어 사람의 [ㅇ][저] 연구는 쉽지 않다.

· 어버이의 성격, 체질, 형상 따위의 형질이 자손에게 전해짐.

밑줄 친 단어의 뜻풀이를 고르시오.

32. 새로운 시스템을 도입하여 혁신을 꿈꾸고 한걸음 도약하길 원한다. (   )

① 묵은 풍속, 관습, 조직, 방법 따위를 완전히 바꾸어서 새롭게 함.

② 같은 목적에 대하여 이기거나 앞서려고 서로 겨룸.

33. 대장에서 물을 흡수한 후 남은 물질은 대변이 되어 배출된다. (   )

① 먹은 음식물을 토함.

② 동물이 섭취한 음식물을 소화해서 항문으로 내보냄.

34. 오래 고민하고 내린 결정이었는게 결론적으로 탁월한 선택이었다. (   )

①보통의 수준이나 등급보다 낮다.

② 남보다 두드러지게 뛰어나다.

35. 아침에 보니 느티나무에 상고대가 희게 피어 있었다. (   )

①수증기가 찬 물체에 부딪혀서 생기는 물방울.

② 나무나 풀에 내려 눈처럼 된 서리.

36. 복잡한 이해관계로 얽혀 있어 선불리 말하기 어렵다. (   )

① 서로 이해가 걸려 있는 관계.

②사람을 대하고 사귀고 하는 일.

다음 중 서로 뜻이 통하는 것을 고르시오.

보다	①맡아서 보살피거나 지키다. ②어떤 일을 맡아 하다. ③음식 맛이나 간을 알기 위하여 시험 삼아 조금 먹다.

37. 양념 맛 좀 볼래요? (　　　　　　)

38. 친구의 고양이를 맡아서 하루동안 보았다. (　　　　　　)

39. 사회를 보기에는 정호 씨가 적합하다. (　　　　　　)

씻다	①물이나 휴지 따위로 때나 더러운 것을 없게 하다. ② 오해에서 벗어나 다른 사람 앞에서 떳떳한 상태가 되다. ③원한 따위를 풀어서 마음속에 응어리가 된 것을 없애다.

40. 소매를 걷고 손을 씻었다. (　　　　　　)

41. 반드시 이 치욕을 씻고 당당히 일어날 것이다. (　　　　　　)

42. '씻다'을 소리나는 대로 쓰시오. (　　　　　　)

믿다	①꼭 그렇게 될 것이라고 생각하거나 그렇다고 여기다. ②의지하며 그것이 기대를 저버리지 않을 것이라고 여기다. ③절대자나 종교적 이념 따위를 받들고 따르다.

43. 믿고 따르는 그를 도저히 모른 척 할 수 없었다. (　　　　　　)

44. 소원을 성취할 것이라고 강력히 믿었다. (　　　　　　)

제4강

다음 밑줄 친 단어의 뜻풀이에 알맞은 말을 쓰시오.

1. 안타깝게도 그 동물은 무자비한 포획으로 인해 멸종을 눈앞에 두고 있었다.

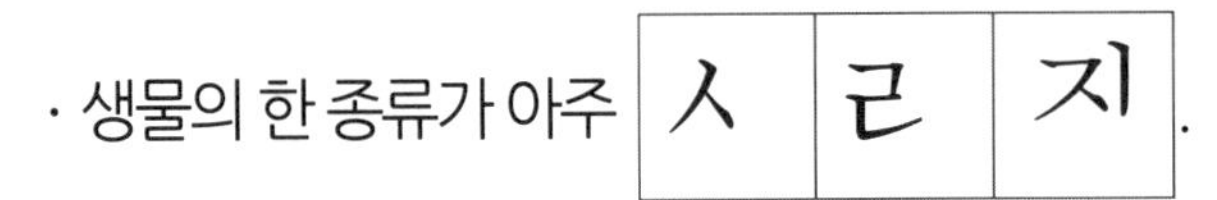

· 생물의 한 종류가 아주 [ㅅ][ㄹ][ㅈ].

2. 아이오딘-아이오딘화 칼륨 용액으로 녹말을 검출할 수 있다.

· 화학 분석시 시료 속에 화학종이나 미생물 등의 [ㅇ][ㅁ]를 알아내는 일.

3. 언제나 내 편이 되어줄 것 같았던 선배도 어느새 나를 견제하고 있었다.

· 일정한 작용을 가하여 상대편이 지나치게 세력을 펴지 못하게 [어][ㄴ][르].

4. 이곳은 지하수를 사용하고 있다.

· 빗물이나 눈이 [ㅈ][ㅎ]로 스며들어 생기는 물.

5. 빛은 직진한다.

· [고][게] 나아감.

6. 백제의 계백은 황산벌 전투에서 나당 연합군과 싸웠지만 패하였다.

· 두 편의 군대가 조직적으로 무장하여 [ㅆ][ㅇ].

7. 마립간은 신라 내물왕이 사용한 왕호로 대군장이라는 뜻이다.

· 왕이라는 [치][ ].

다음 빈칸에 들어갈 알맞은 말을 고르시오.

8. 인권은 인간이 존엄하게 살아가는데 필요한 ________다.

· 어떤 일을 행하거나 타인에 대하여 당연히 요구할 수 있는 힘이나 자격.

① 권리(　　　)　　② 권력(　　　)　　③ 의무(　　　)

9. 수정을 통해 자손을 만들어 ________한다.

· 생물이 생식으로 자기 자손을 유지하고 늘리는 현상.

① 분열(　　　)　　② 번식(　　　)　　③ 증설(　　　)

10. 광종은 노비가 된 이들을 ________시켜 주는 노비 안검법을 실시하였다.

· 구속이나 억압, 부담 따위에서 벗어나게 함.

① 자율(　　　)　　② 해방(　　　)　　③ 도주(　　　)

11. ____________을 사용하면 글을 보다 생생한 느낌으로 표현할 수 있다.

· 표현하고자 하는 대상을 다른 대상에 비유하여 표현하는 수사법.

① 묘사(　　　)　　② 비유법(　　　)　　③ 설명(　　　)

12. __________은 우리 몸을 구성하는 성분이며 3대 영양소 중 하나이다.

· 지방산과 글리세롤이 결합한 유기 화합물.

① 지방(　　　)　　② 무기염류(　　　)　　③ 물(　　　)

다음 중 뜻이 통하는 것을 고르시오.

희박하다	① 기체나 액체 따위의 밀도나 농도가 짙지 못하고 낮거나 엷다. ② 감정이나 정신 상태 따위가 부족하거나 약하다. ③ 어떤 일이 이루어질 가능성이 적다.

13. 아무래도 당첨될 가능성은 희박하지만 도전해본다. (　　　　　)

14. 자립성이 희박해서 걱정이다. (　　　　　)

15. 무게에 비해 밀도가 희박하다. (　　　　　)

자르다	① 동강을 내거나 끊어 내다. ② 직장에서 해고하다. ③ 남의 요구를 야무지게 거절하다.

16. 딱 잘라 거절하였다. (　　　　　)

17. 그렇게 나태하면, 회사에서 자를 지도 몰라. (　　　　　)

18. 반으로 잘라서 제출하세요. (　　　　　)

걷다	① 다리를 움직여 바닥에서 발을 번갈아 떼어 옮기다. ② 전문직에 종사하다. ③ 어떠한 방향으로 나아가다.

19. 의사의 길을 걷게 시작하면서 늘 가슴속에 사명감을 잊지 않았다. (　　　　　)

20. 마트에 걸어서 10분 거리에 있었다. (　　　　　)

21. 어떤 계기로 성공의 길을 걷게 되었나요? (　　　　　)

뜻이 통하는 것끼리 줄로 이으시오.

22. 낭만주의 ·	· ㉠ 있는 그대로의 것을 재현하는 것보다는 사물에서 작가가 받은 순간적인 인상을 표현함.
23. 고전주의 ·	· ㉡ 꿈이나 공상의 세계를 동경하고 감상적인 정서를 중시하는 창작 태도.
24. 사실주의 ·	· ㉢ 단정한 형식미를 중시하며 조화 · 균형 · 완성 따위를 추구하려는 창작 태도.
25. 초현실주의 ·	· ㉣ 인간을 이성의 굴레에서 해방하고, 파괴와 창조가 함께 존재할 수 있는 '최고점'을 얻으려고 함.
26. 인상주의 ·	· ㉤ 일반적으로 현실을 있는 그대로 묘사 · 재현하려고 하는 창작 태도.
27. 표현주의 ·	· ㉥ 객관적인 사실보다 사물이나 사건에 의해 야기되는 주관적인 감정과 반응을 표현하는 데에 중점을 두는 예술 사조.
28. 추상주의 ·	· ㉦ 사물을 간추리고 뽑아내서 새로운 모습으로 탈바꿈하여 표현하고자 함.

다음 빈칸에 알맞은 말을 쓰시오.

29. ㅈ, ㅉ, ㅊ은 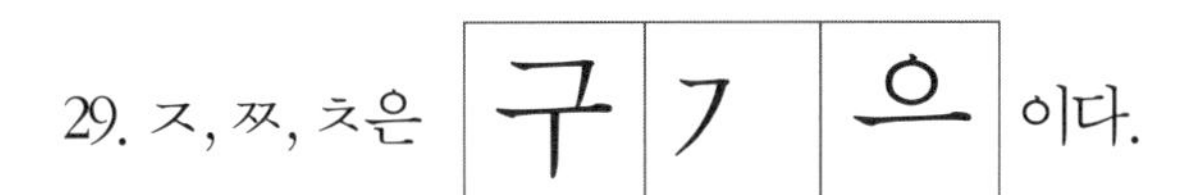 이다.

· 혓바닥과 경구개 사이에서 나는 소리.

30. 상담시에는 발음은 분명히 하시고 반드시 [표][주][ ] 1) 를 써야 합니다.

· 전 국민이 공통적으로 쓸 수 있는 자격을 부여받은 단어. 우리나라에서는 교양 있는 사람들이 두루 쓰는 현대 [ㅅ][울][마] 2) 로 정함을 원칙으로 한다.

31. [으][우][ㅇ] [축][야] 에는 자음 축약과 모음 축약이 있다.

· 둘 이상의 소리가 합쳐져 하나의 새로운 소리가 되는 현상.

32. [으][ ][의] [타][라] 에 의해 '굶고'는 ㄹ이 탈락하여 [굼꼬]로 발음된다.

· 본디의 음운이 없어지는 일.

33. 제작부에서 일하는 그는 [으][햐] 을 담당하고 있다.

· 물체에서 나는 소리와 그 울림.

34. 예사소리가 된소리로 바뀌는 것을 [되][ㅅ][리][ ][ㄱ] 라고 한다.

35. 단어는 [ㅇ][그] 1) 과 [저][ㅅ] 2) 로 이루어져 있다.

· 1) 단어를 분석할 때, 실질적 의미를 나타내는 중심이 되는 부분.

· 2) 단독으로 쓰이지 않고 항상 다른 어근이나 단어에 붙어 새로운 단어를 구성하는 부분.

다음 중 옳은 것을 고르시오.

36. 자연의 ______를 따르는 것이 옳다.

· 자연계를 지배하고 있는 원리와 법칙.

① 섭리(　　) ② 진리(　　) ③ 숭배(　　)

37. 화학 반응이 일어나도 __________은 일정하게 보존된다.

· 물체의 고유한 역학적 기본량.

① 질량(　　) ② 이온(　　) ③ 성질(　　)

38. 통일 신라의 혜초는 왕오천축국전을 __________하였다.

· 글이나 책 따위를 씀.

① 요약(　　) ② 저술(　　) ③ 설명(　　)

39. 그녀가 너를 보고는 __________으로 다가갔다.

· 보폭이 짧고 빠른 걸음.

① 제자리걸음(　　) ② 황소걸음(　　) ③ 잰걸음(　　)

40. 마침 ______가 있던 차였기에 간식이 반가웠다.

· 배가 고픈 느낌.

① 갈증(　　) ② 시장기(　　) ③ 포만감(　　)

다음 중 뜻이 통하는 것을 고르시오.

길	①물 위나 공중에서 일정하게 다니는 곳. ② 사람이나 동물 등이 지나갈 수 있게 땅 위에 낸 공간. ③ 어떤 자격이나 신분으로서 주어진 도리나 임무.

1. 비행기가 지나가는 길이다. (　　　　)

2. 일찍이 교육자의 길을 걷게 되었다. (　　　　)

3. 번잡한 길에 큰 소음이 들렸다. (　　　　)

열	①열성 또는 열의. ②격분하거나 흥분한 상태. ③아파서 몸에 열이 오름.

4. 2시간이나 기다렸는데 갑자기 취소되어서 몹시 열받은 상황이었다. (　　　　)

5. 열과 성을 다해 공부를 했다. (　　　　)

6. 갑자기 열이 나서 응급실에 갔다. (　　　　)

놀다	① 놀이나 재미있는 일을 하며 즐겁게 지내다. ② 직업이나 일정히 하는 일이 없이 지내다. ③ 이리저리 돌아다니다.

7. 작년에 사표를 내더니 지금까지 놀고 있다. (　　　　)

8. 친구와 재미있게 놀고 집에 돌아가는 길이다. (　　　　)

9. 청둥오리가 호수에서 놀고 있다. (　　　　)

다음 속담에 알맞은 답을 쓰시오.

10. 다음 빈칸에 공통적으로 들어갈 말은? (   )

· __은 앵무새
· __이 씨가 된다
· __ 아닌 __
· __하는 남생이

11.뜻이 통하는 것끼리 이으시오.

① __하는 남생이 · · ㉠ 늘 말하던 것이 마침내 사실대로 되었을 때.

② __은 앵무새 · · ㉡ 이치나 경우에 닿지 않는 말.

③ __ 아닌 __ · · ㉢ 아무도 그가 하는 말을 신용하지 못함,

④ __이 씨가 된다 · · ㉣ 말은 그럴듯하게 잘하나 실천하지 않는 사람.

12. 다음 빈칸에 공통적으로 들어갈 말은? (   )

· __발의 피
· __도 날개가 생겨야 날아간다
· 나는 __에게 여기 앉아라 저기 앉아라 할 수 없다
· __ 까먹은 소리

13.뜻이 통하는 것끼리 이으시오.

① __도 날개가 생겨야 날아간다 · · ㉠ 아주 하찮은 일이나 극히 적은 분량.

② __ 까먹은 소리 · · ㉡ 무슨 일이든 조건이 갖추어져야 이루어짐.

③ __발의 피 · · ㉢ 근거 없는 말을 듣고 퍼뜨린 헛소문.

④ 나는 __에게 여기 앉아라 저기 앉아라 할 수 없다 · · ㉣ 사람의 자유를 구속할 수 없음.

다음 중 밑줄 친 단어의 뜻에 해당하는 것을 고르시오.

14. 내가 하고 싶은 일과 꿈을 떠올리며 나의 미래상을 그려본다. (　　　　　)

① 이상으로서 그리는 미래의 모습.

② 자기 자신에 대한 의식이나 관념.

15. 태양의 대기는 개기일식 때 볼 수 있다. (　　　　　)

① 표면에 물이 차지하는 부분.

②천체의 표면을 둘러싸고 있는 기체.

16. 기원전 194 위만이 고조선의 준왕을 몰아내고 집권하였다. (　　　　　)

① 권세나 정권을 잡다.

② 자신이 맡은 직책에 관련된 여러 가지 일을 처리하다.

17. 양심을 지키면서 살면 행복해질 수 있다. (　　　　　)

① 부러워함.

② 자신의 행위에 대하여 옳고 그름을 내리는 도덕적 의식.

18. 그 아이는 또래에 비해서 과묵한 편이었다. (　　　　　)

① 말이 적고 침착하다.

②여러 사람과 쉽게 잘 사귐.

밑줄 친 부분을 하나의 단어로 바꾸어 쓰시오.

19. 발음 기관에 의해 구강 통로가 좁아지거나 완전히 막히는 따위의 장애를 받으며 나는 소리는 19개다.

ㅈ 으

20. 인류 사회의 변천과 흥망의 과정을 학습하면서 견문을 넓혀라.

여 ㅅ

21. 일단 사실이 아니거나 또는 사실인지 아닌지 분명하지 않은 것을 임시로 인정해보자.

ㄱ 정

22. 이곳은 오늘날의 일반적인 수준을 넘어서는 시설을 자랑한다.

ㅊ 혀 대 저

23. 국제결혼을 한 부부와 그 자녀로 이루어진 가정이 늘어나고 있다.

무 화 ㄱ 저

24. 점점 자기 자신에 대한 변하지 않는 존재의 본질을 깨닫는 성질을 확립해가고 있다.

저 체 서

25. 악세사리와 패션이 서로 잘 어울렸다.

ㅈ 호

26. 언제나 정당한 이유 없이 남의 나라에 쳐들어가는 것에 주의해야 한다.

치 랴

빈칸에 알맞은 말을 쓰시오.

27. [다][ㅅ][ㅍ] 생물에는 아메바, 짚신벌레, 유글레나가 있다.

· 몸이 하나의 세포로 이루어진 생물.

28. [ ][야]이 만들어지기까지는 정말 긴 시간이 걸린다.

· 식물에 영양을 공급해서 자라게 할 수 있는 흙.

29. 뜻대로 안 되었다고 해도 절대로 너의 [여][ ]이 부족했다고 생각하지 마.

· 어떤 일을 해낼 수 있는 힘.

30. 염색체는 DNA와 단백질로 [ ][서] 된다.

· 몇 가지 부분이 모여 일정한 전체가 짜여 이루어지다.

31. 자료를 [ ][래][ㅍ]로 정리하여 보았습니다.

· 여러 자료를 분석해 그 변화를 한눈에 알아보도록 나타내는 직선이나 곡선.

32. 지금부터는 [ㅅ][ ]를 들어 설명하겠습니다.

· 어떤 일이 전에 실제로 일어난 예.

33. 자철석에는 [ㅈ][서]이 있어 쇠붙이가 달라붙는다.

· 자기를 띤 물체가 나타내는 여러 가지 성질.

34. 녹말을 검출하는 데 필요한 | ㅅ | 야 | 을 내일까지 준비해야 한다.

· 화학 분석에서, 물질의 성분을 검출하거나 정량하는 데 쓰는 약품.

35. 영수는 특히 | 지 | ㄱ | | 하 | 에 관심이 있었다.

· 지구와 그 주위의 천체를 연구하는 학문. 지질학, 지구 물리학, 천문학, 기상학 등이 포함됨.

36. 열을 가하니 입자 사이의 | 이 | 력 | 이 약해지는 변화가 있었다.

· 공간적으로 떨어져 있는 물체끼리 서로 끌어당기는 힘.

37. 간은 영양소를 저장하고 독성 물질을 | ㅎ | 도 | 한다.

· 몸 안에 들어간 독성 물질의 작용을 없앰.

38. | 이 | 고 | 저 | 으로 만들어진 원소도 존재한다.

· 사람의 힘으로 만든 것.

39. | 버 | 화 | 하 | 거리에서 두 사람이 실랑이를 벌이고 있었다.

· 번성하고 화려하다.

40. 소화액이 | 부 | ㅂ | 되어 영양소가 분해된다.

· 샘세포의 작용해 만든 액즙을 배출관으로 보냄.

제6강

다음 중 서로 뜻이 통하는 것을 고르시오.

밀다

① 일정한 방향으로 움직이도록 반대쪽에서 힘을 가하다.

② 나무 따위의 거친 표면을 반반하고 매끄럽게 깎다.

③ 피부에 묻은 지저분한 것을 문질러 벗겨 내다.

1. 천천히 카트를 밀었다. (　　　　　)

2. 대패로 목재를 밀고 주변 정리를 했다. (　　　　　)

3. 때를 밀고 비누칠을 했다. (　　　　　)

헐다

① 몸에 부스럼이나 상처 따위가 나서 짓무르다.

② 물건이 오래되거나 많이 써서 낡아지다.

4. 집이 너무 헐어서 재건축해야 한다. (　　　　　)

5. 입가와 코가 헐어서 아프다. (　　　　　)

매다

① 가축을 기르다.

② 옷감을 짜기 위해 날실에 풀을 먹이고 고루 다듬어 말려 감다.

③ 끈의 두 끝을 엇걸고 잡아당겨 풀어지지 않게 마디를 만들다.

6. 베를 매는 작업이 한창이다. (　　　　　)

7. 닭과 돼지를 매고 농사를 지었다. (　　　　　)

8. 신발끈을 단단히 매고 일어섰다. (　　　　　)

뜻이 통하는 것끼리 줄을 그어 이으시오.

9.고대 가요 ·	· ㉠고려 시대의 시가를 통틀어 이른다.
10. 고려 가요 ·	· ㉡고대 [ㅂ][ㅈ] 국가 시대에서 삼국 시대 초기까지 향가 성립 이전에 불린 노래. ▸ 같은 조상 · 언어 · 종교 등을 가진, 원시 사회나 미개 사회의 구성 단위가 되는 지역적 생활 공동체.
11. 향가 ·	· ㉢ [햐][ㅊ] 로 기록한 신라 때의 노래. ▸ 신라 때에, 한자의 음과 뜻을 빌려 국어 문장 전체를 적은 표기법.
12.가사 ·	· ㉣조선 초기에 나타난, 시가와 산문 중간 형태의 문학.
13.민요 ·	· ㉤ 조선 초기에 발생한 시가 형태. 나라의 공식 행사 때 궁중 음악에 맞추어 불렀다.
14.악장 ·	· ㉥예로부터 [ㅁ][ㅈ] 사이에 불려 오던 전통적인 노래를 통틀어 이르는 말. ▸ 국가나 사회를 구성하는 일반 국민.
15. 한시 ·	· ㉦한문으로 이루어진 정형시. 고대 중국에서 이루어진 양식으로, 평측과 [ㄱ][ㅇ] 에 엄격함. ▸ 시가에서, 구나 행의 끝에 규칙적으로 같은 운의 글자를 다는 일

밑줄 친 말의 뜻풀이에 알맞은 말을 쓰시오.

16. 혈압계는 기체의 압력을 이용하여 만들어졌다.

· 인체의 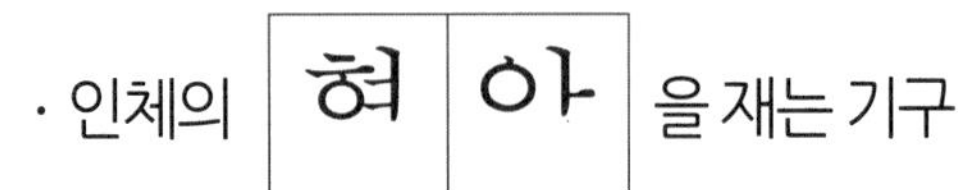

을 재는 기구

17. 칭찬을 들으니 우쭐한 기분이 들었다.

· 의기양양하여 [뽀] 내다.

18. 이 논쟁의 쟁점부터 다시 살펴보자.

· 서로 다투는 [ㅈ][시] 이 되는 점.

19. 성패를 가르는 것은 성실함과 꾸준함이다.

· 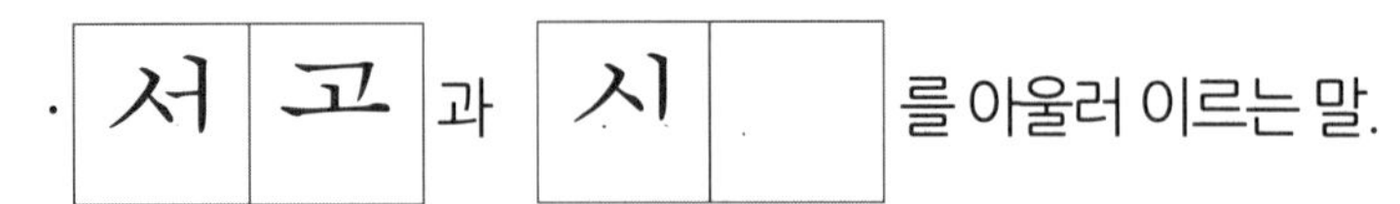

를 아울러 이르는 말.

20. 상록수에는 소나무, 대나무가 있다.

· 사철 내내 잎이 [ㅍ][르] 나무를 통틀어 이르는 말.

21. 수메르인은 세계 최초의 문명인 메소포타미아 문명을 탄생시켰다.

· [이][ㄹ] 가 이룩한 물질적, 기술적, 사회 구조적인 발전.

22. 경망스럽게 행동하지 말고 진지하게 대응하라.

· 행동이나 말이 가볍고 [ㅈ][시][서] 이 없다.

다음 속담에 알맞은 답을 쓰시오.

23. 다음 빈칸에 공통적으로 들어갈 말은? (   )

· ____ 팔자가 상팔자
· ____도 주인을 알아본다
· ____가 웃을 일이다
· ____도 나갈 구멍을 보고 쫓아라

24.뜻이 통하는 것끼리 이으시오.

① __도 주인을 알아본다 ·	· ㉠ 일이 분주하거나 고생스러울 때 하는 넋두리.
② __가 웃을 일이다 ·	· ㉡ 배은망덕한 사람을 꾸짖음.
③ __ 팔자가 상팔자 ·	· ㉢ 일을 남에게 시킬 때는 그의 능력을 살려야 함.
④ __도 나갈 구멍을 보고 쫓아라 ·	· ㉣ 너무도 어이없고 같잖은 일.

25. 다음 빈칸에 공통적으로 들어갈 말은? (   )

· ____가 부르니까 제 세상인 줄 안다
· 한강에 ____ 지나간 자리 있나
· ____ 먹고 이 닦기
· 첫술에 ____부르랴

26. 뜻이 통하는 것끼리 이으시오.

① 첫술에 ____부르랴 ·	· ㉠한 가지 일에 두 가지 이로움이 있음.
② ____ 먹고 이 닦기 ·	· ㉡어떤 일이든지 단번에 만족할 수는 없다.
③한강에 __ 지나간 자리 있나 ·	· ㉢어떤 행동의 흔적이 남지 아니한다는 말.
④__가 부르니까 제 세상인 줄 안다 ·	· ㉣어렵게 살던 사람이 갑자기 부자가 되면 무례해지기 쉽다.

다음 관용구에 관한 문제를 푸시오.

27. 다음 중 빈칸에 공통적으로 들어갈 말은? (　　　　　)

· ___이 맵다	· ___이 닿다
1) 손으로 슬쩍 때려도 몹시 아프다.	3) 힘이나 능력이 미치다.
· ___을 걸다	· ___이 크다
2) 서로 약속하다.	4) 씀씀이가 후하고 크다.

28. 다음 중 빈칸에 공통적으로 들어갈 말은? (　　　　　)

· ___이 캄캄하다	· ___가리고 아웅
1)정신이 아찔하고 생각이 콱 막힌 상태.	3) 얕은수로 남을 속이려 한다는 말.
· ___에 불을 켜다	· ___이 돌아가다
2)몹시 욕심을 내거나 관심을 기울이다.	4) 놀라거나 격분하여 사리 분별을 못하다.

29. 다음 중 빈칸에 공통적으로 들어갈 말은? (　　　　　)

· ___도 안 나다	· ___가 갈리다
1)어떤 일을 감당하기에는 수준이나 준비 정도가 적당하지 않다.	2)몹시 화가 나거나 분을 참지 못하여 독한 마음이 생기다.

다음 빈칸에 들어갈 알맞은 말을 보기에서 찾아 쓰시오.

30. ________을 지적 당하고 나니 정신이 번쩍 든다.

· 불충분하거나 허술한 점. 또는 주의가 미치지 못하거나 틈이 생긴 구석.

31. ________ 꾀를 냈지만 속지 않을 것이다.

· 간사하고 악독하다.

32. 황소라는 사람이 일으킨 농민 ________인 황소의 난은 당나라 멸망의 원인이 되었다.

· 정부나 지도자 따위에 반대하여 내란을 일으킴.

33. 맨눈에 보이는 천체의 밝기 ______을 겉보기 ______, 실시 ______이라고 한다.

· 별의 밝기를 나타내는 단위.

34. 괜히 ________이나 조성하는 쓸데없는 행동이다.

· 조화되지 아니하는 어설픈 느낌.

35. 그는 ________을 받자 해명하기 위한 준비를 했다.

· 남의 잘못을 몹시 따지고 공격함.

보기

위화감　허점　간특한　반란　공박　등급

제7강

밑줄 친 단어의 뜻풀이 중 옳은 것을 고르시오.

1. 여러분들의 의견을 수렴하여 다시 한번 보고하겠습니다. (　　　　　)

①요점을 잡아서 간추림.

②여러 의견을 하나로 모아 정리하다.

2. 당황한 기색이 역력하다. (　　　　　)

①자취나 기미, 기억 따위가 환히 알 수 있게 또렷하다.

②사람의 몸으로 활동할 수 있는 정신과 육체의 힘.

3. 기능이 제대로 작동하지 않아 환불하기로 결정하였습니다. (　　　　　)

①서로 종류가 다른 화폐와 화폐, 또는 화폐와 지금을 교환함.

②돈이나 물건을 바꾸어 지불함.

4. 청아한 목소리가 귀에 아른거린다. (　　　　　)

①마음을 고요히 하다.

②속된 티가 없이 맑고 아름답다.

5. 지구는 완전한 구형이 아니라 타원형이다. (　　　　　)

①둥글게 그려진 모양이나 형태.

②길쭉하게 둥근 타원으로 된 평면 도형.

다음 중 서로 뜻이 통하는 것을 고르시오.

극	①어떤 정도가 더할 수 없을 만큼 막다른 지경. ② 자석에서 자력이 가장 센 양쪽의 끝.

6.갈등이 극에 달하여 돌이킬 수 없는 지경이 되었다. (   )

7.자석의 힘은 양 극에서 가장 세다. (   )

8. '극히'를 소리나는 대로 쓰시오. (   )

실험	① 과학에서, 이론이나 현상을 관찰하고 측정함. ② 새로운 방법이나 형식을 사용해 봄.

9. 라부아지에는 물 분해 실험을 통해 물을 산소와 수소로 분해했다. (   )

10. 조금 낯설긴 했지만 그 작품은 실험 정신이 돋보였다. (   )

11. '실험적'을 소리나는 대로 쓰시오. (   )

안정	①육체적 또는 정신적으로 편안하고 고요함. ②치료하기 위하여 몸과 마음을 편안하고 고요하게 함.

12. 신앙 생활을 하며 마음의 안정을 찾았다. (   )

13. 입원 치료를 하며 안정을 취하고 있습니다. (   )

뜻이 통하는 것끼리 이으시오.

14. 직유법 ·	· ㉠사람이 아닌 것을 사람에 비겨 사람이 행동하는 것처럼 표현하는 수사법.
15. 활유법 ·	· ㉡비슷한 성질이나 모양을 가진 두 사물을 '같이', '처럼', '듯이'와 같은 연결어로 결합하여 직접 비유하는 수사법.
16. 의인법 ·	· ㉢무생물을 생물인 것처럼, 감정이 없는 것을 감정이 있는 것처럼 표현하는 수사법.
17. 대유법 ·	· ㉣사물의 상태나 움직임을 암시적으로 나타내는 수사법.
18. 은유법 ·	· ㉤크고 높고 강한 것에서부터 점차 작고 낮고 약한 것으로 끌어 내려 표현함으로써 강조의 효과를 얻으려는 수사법.
19. 과장법 ·	· ㉥사물을 실상보다 지나치게 과도하게 혹은 작게 표현함으로써 문장의 효과를 높이는 수사법.
20. 점강법 ·	· ㉦하나의 사물이나 관념을 나타내는 말이 경험적으로 그것과 밀접하게 연관된 다른 사물이나 관념을 나타내도록 표현하는 수사법.

다음 관용구에 관한 문제를 푸시오.

21. 다음 중 빈칸에 공통적으로 들어갈 말은? (   )

· 마른___을 삼키다 1) 몹시 긴장하거나 초조해하다.	· ___을 삼키다 3) 탐내는 마음을 가지거나 부러워하다.
· 입에 ___ 바른 소리 2) 겉만 번지르르하게 꾸며 듣기 좋게 하는 말.	· ___이 마르다 4) 타인이나 물건에 대해 거듭해서 말함.

22. 다음 중 빈칸에 공통적으로 들어갈 말은? (   )

· ___ 을 만들다 2)품성이나 인격이 좋게 만들다.	· 판 밖의 ___ 3)그 일에 관계가 없는 사람을 이르는 말.
· ___ 같지 않다 1)사람으로서 마땅히 지녀야 할 품행이나 덕성이 없다.	· ___이 좋다 4) 다른 사람에게 베풀기를 좋아하거나 다른 사람을 배려하는 마음이 크다.

23. 다음 중 빈칸에 공통적으로 들어갈 말은? (   )

· ___만큼도 1)극히 적은 양.	· ___도 안 들어가다 2)사람됨이 몹시 야무지고 인색하다.

다음 속담에 알맞은 답을 쓰시오.

24. 다음 빈칸에 공통적으로 들어갈 말은? (　　　　　)

· ___를 묻다

· ___만 남다

· ___에 사무치다

25. 뜻이 통하는 것끼리 이으시오.

①___에 사무치다 · · ㉠못 먹거나 심하게 앓아서 지나치게 여위다.

②___만 남다 · · ㉡고통이 뼛속에 파고들 정도로 깊고 강하다.

③___를 묻다 · · ㉢단체나 조직에 평생토록 헌신하다.

26. 다음 빈칸에 공통적으로 들어갈 말은? (　　　　　)

· ___을 치다

· ___을 꿇다

· ___을 마주하다

27. 뜻이 통하는 것끼리 이으시오.

①___을 치다 · · ㉠서로 가까이 마주 앉다.

②___을 마주하다 · · ㉡항복하거나 굴복하다.

③___을 꿇다 · · ㉢갑자기 어떤 놀라운 사실을 알게 되었거나 희미한 기억이 되살아날 때, 또는 몹시 기쁠 때 무릎을 탁 치다.

다음 빈칸에 들어갈 알맞은 말을 보기에서 찾아 쓰시오.

28. 우리말에서 ________가 차지하는 비중은 높다.

· 한자에 기초하여 만들어진 말.

29. ___________와 비슷한 말로는 토박이말이 있다.

· 해당 언어에 본디부터 있던 말이나 그것에 기초하여 새로 만들어진 말.

30. 같은 단어가 반복되지 않도록 ___________를 잘 활용하되 문장이 어색하지 않도록 하라.

· 뜻이 서로 비슷한 말.

31. ___________의 반대말은 반의어이다.

· 뜻이 같은 말.

32. __________에는 따로 설명이 필요하다.

· 학술이나 기타 전문 분야에서 특별한 의미로 쓰는 말.

33. 추위의 _________는 더위다.

· 그 뜻이 서로 정반대되는 관계에 있는 말.

보기

고유어 유의어 동의어 전문어 한자어 반의어

제8강

다음 중 뜻이 서로 통하는 것을 고르시오.

쓰다	① 모자 따위를 머리에 얹어 덮다. ② 우산이나 양산 따위를 머리 위에 펴 들다. ③ 사람이 죄나 누명 따위를 가지거나 입게 되다.

1. 비가 오니 사람들이 우산을 쓴다. (　　　　　)

2. 햇볕이 강해 모자를 꼭 쓰도록 해. (　　　　　)

3. 억울하게 누명을 쓰고도 항변하지 못했다. (　　　　　)

오르다	① 아래에서 위쪽으로 움직여 가다. ② 몸 따위에 살이 많아지다. ③남의 이야깃거리가 되다.

4. 그래 봤자 괜히 남의 입에 오르는 일밖에 더 되니? (　　　　　)

5. 잘 챙겨 먹으니 점점 살이 오르기 시작했다. (　　　　　)

6. 산에 오르니 공기가 참 좋다. (　　　　　)

돌다	① 물체가 일정한 축을 중심으로 원을 그리면서 움직이다. ② 눈이나 머리 따위가 정신을 차릴 수 없도록 아찔해지다. ③ 기능이나 체제가 제대로 작용하다.

7. 문제가 너무 어려워서 눈이 뱅글뱅글 돈다. (　　　　　)

8. 수리를 마치자 기계가 돌아가기 시작했다. (　　　　　)

9. 두 개의 바퀴가 동시에 돌아가기 시작했다. (　　　　　)

다음 국가에 맞는 시조와 서로 관계된 것끼리 이으시오.

10. 고려 ·	·㉠ 박혁거세 ·	· ⓐ위례성에 도읍을 정하고 나라를 세웠다.
11. 신라 ·	·㉡ 왕건 ·	· ⓑ농사와 양잠을 장려하였고, 21년에는 수도를 금성(金城)이라고 하였다.
12. 백제 ·	·㉢ 김수로왕 ·	· ⓒ하늘에서 내려온 6개의 황금알 가운데에서 가장 먼저 태어났다는 설화가 있다.
13. 가야 ·	·㉣ 온조 ·	· ⓓ해모수와 유화 사이에서 태어났다는 신화가 있다.
14. 고구려 ·	·㉤ 대조영 ·	· ⓔ고구려의 유민으로, 698년에 진(震)을 세워 왕이 되었다.
15. 발해 ·	·㉥ 주몽 ·	· ⓕ궁예의 부하로 있다가 부하들이 옹립하여 송도에 도읍하고 왕위에 올랐다.
16. 고조선 ·	·㉦ 단군 ·	· ⓖ고려 말기의 무신으로 왜구를 물리쳐 공을 세웠다. 위화도 회군을 계기로 정권을 장악하여 조선 왕조를 세웠다.
17. 조선 ·	·㉧ 이성계 ·	· ⓗ아사달에 도읍을 정함. 약 2천 년 동안 나라를 다스렸다는 신화가 있다.

다음 빈칸에 들어갈 알맞은 말을 보기에서 찾아 쓰시오.

18. 소설 속 인물에 공감하며 ___________을 느꼈다.

· 성질이 서로 비슷해서 익숙하거나 잘 맞는 느낌.

19. 오래 함께 지낸 사이였지만 묘한 __________가 들었다.

· 성질이 서로 달라 낯설거나 잘 맞지 않는 느낌.

20. 눈을 깜빡일 때마다 _________이 느껴졌다.

· 몸 안에 딴 물질이 들어간 느낌.

21. 서로 간의 ________을 줄이기 위해 노력했다.

· 서로 어긋나 동떨어져 있는 것처럼 느끼는 마음.

22 변명조차 할 수 없을 정도로 ____________이 들었다.

· 스스로 부끄러워하는 마음.

23. 혹시 너 때문이라고 생각하면서 _______을 느끼지 않았으면 한다.

· 자신의 결함이나 잘못에 대하여 깊이 뉘우치고 자신을 책망하는 마음.

보기

동질감 이질감 이물감 괴리감 자괴감 자책감

다음 중 서로 뜻이 통하는 것을 고르시오.

사뭇	① 마음에 사무치도록 매우. ② 내내 끝까지. ③ 아주 딴판으로.

24. 그녀는 지난달에 본 모습과는 사뭇 달라졌다. (　　　　　)

25. 이번 주는 사뭇 한가했다. (　　　　　)

26. 가슴속에 사뭇 슬픔이 밀려들었다. (　　　　　)

회피	①몸을 숨기고 만나지 않음. ②꾀를 부려 마땅히 져야 할 책임을 지지 않음. ③일하기를 꺼려 선뜻 나서지 않음.

27. 다들 책임은 회피할 생각인가 보다. (　　　　　)

28. 그 면담만은 회피하고 싶었다. (　　　　　)

29. 아무도 맡지 않으려고 회피하는 일이었다. (　　　　　)

고단하다	①몸이 지쳐서 느른하다. ②일이 몹시 피곤할 정도로 힘들다. ③처지가 좋지 못해 몹시 힘들다.

30. 고단하고 힘든 하루가 끝났다. (　　　　　)

31. 비록 고단한 인생이지만, 희망을 잃지 않겠다. (　　　　　)

다음 빈칸에 알맞은 말을 보기에서 찾아쓰고 빈칸에 알맞은 답을 쓰시오.

32. 사물을 가장 단순하게 | 최 | ㅅ | 하 |1) 으로 표현하려는 예술 전통. 사물의 본질을 | | 고 |2) 하지 않고 표현하기 위해선 기교를 절제하고 소박하고 단순한 표현 방식을 사용해야 한다는 사조를 ______________라고 한다.

· 1) 가능한 한 가장 적게.　　· 2) 사실과 다르게 해석하거나 그릇되게 함.

33. __________는 모든 사회적 · 예술적 전통을 부정하고 반이성, 반도덕, 반예술을 | ㅍ | 바 | 한 예술 운동으로 제일 차 세계 대전 중 스위스 취리히에서 일어났다.

· 어떤 명목을 붙여 주의나 주장 또는 처지를 앞에 내세움.

34. ___________은 모더니즘이 확립하여 놓은 | ㄷ | ㄱ | ㅁ | , 원리, 형식 따위에 대한 거부 및 반작용(反作用)으로 일어난 예술 경향이다. 후기 모더니즘이라고도 한다.

· 독단적인 신념이나 학설.

35. ______________는 기성의 예술 관념이나 형식을 부정하고 혁신적 예술을 주장한 예술 운동으로 다다이즘, 입체파 등을 통틀어 이른다.

36. ______________는 사상, 형식, 문체 따위가 전통적인 기반에서 급진적으로 벗어나려는 창작 태도로 20세기 서구 예술의 한 경향이다. 현대 문명에 대하여 비판적이고 미래에 대해서는 반유토피아적이다.

보기

모더니즘　다다이즘　포스트모더니즘　미니멀리즘　아방가르드

37. | ㅍ | ㅇ | ㅈ | 를 체포할 때 피의자에게 알려야 할 헌법상의 권리를 지키는 원칙

을 ______________이라고 한다.

· 죄의 혐의가 있어서 정식으로 입건되었으나, 아직 공소 제기가 되지 아니한 사람.

38. __________은 | ㅍ | ㄱ | 이 | 이나 피의자가 수사 기관의 조사나 공판의 심문에

대하여 자기에게 불리한 진술을 거부할 수 있는 권리다.

· 형사 소송에서, 검사에 의하여 형사 책임을 져야 할 자로 공소 제기를 받은 사람.

39. 김영란법은 공직자 등에 대한 부정 청탁 및 공직자 등의 | ㄱ | ㅍ | 등의 | ㅅ | ㅅ |

를 금지하는 법률이다.

· 돈과 물품을 아울러 이르는 말.

· 물품을 주고받음.

40. 자신에게 위험이 생기지 않는 데도 어려움에 처한 사람을 구해 주지 않은 행위를

| ㅊ | ㅂ | 하는 법을 __________________이라고 한다.

· 형벌에 처함. 또는 그 벌.

보기

착한 사마리아 인의 법 미란다 원칙 묵비권 김영란법

제9강

다음 빈칸에 알맞은 말을 쓰시오.

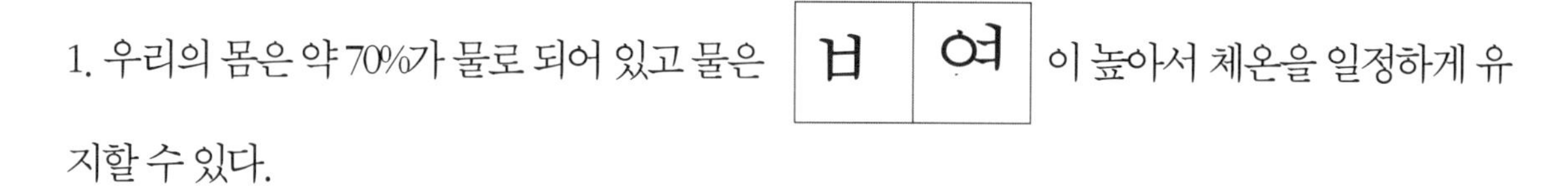

1. 우리의 몸은 약 70%가 물로 되어 있고 물은 [ㅂ | 여] 이 높아서 체온을 일정하게 유지할 수 있다.

· 물질 1g의 온도를 1℃ 올리는 데 드는 열량과 물 1g의 온도를 1℃ 올리는 데 드는 열량과의 비율. 물의 비열은 1cal/g℃로서, 모든 물질 가운데 가장 크다.

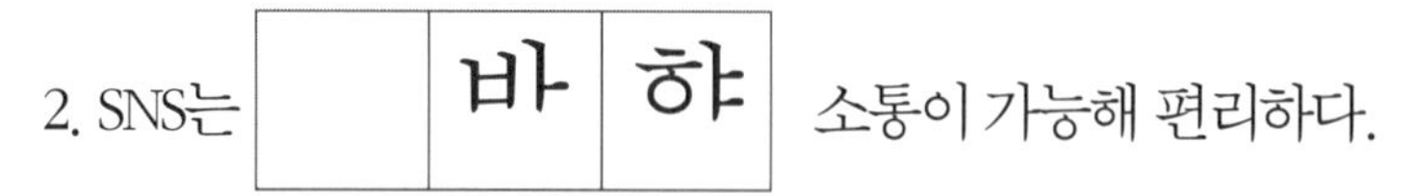

2. SNS는 [| 바 | 햐] 소통이 가능해 편리하다.

· 한쪽으로만 향하는 것이 아니라 양쪽을 서로 향함.

3. 올 초에 연봉이 10% 인상되고 [ㅅ | 토 | 옵 | 서] 도 받았다.

· 기업에서 회사의 임직원에게 자사의 주식을 낮은 가격에 매입했다가 추후에 팔 수 있게 하는 일.

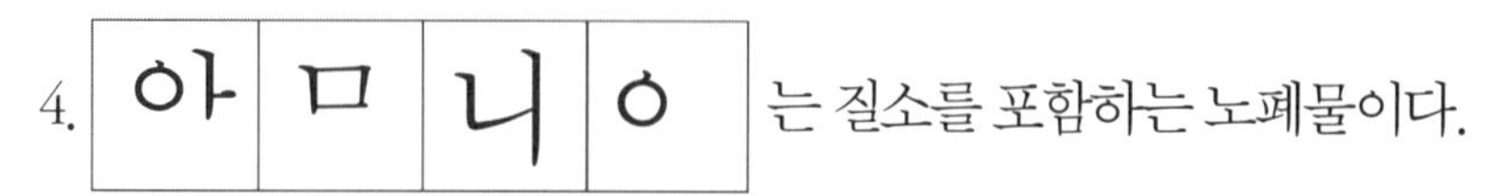

4. [아 | ㅁ | 니 | ㅇ] 는 질소를 포함하는 노폐물이다.

· 질소와 수소의 화합물. 자극적인 냄새가 나는 무색의 기체

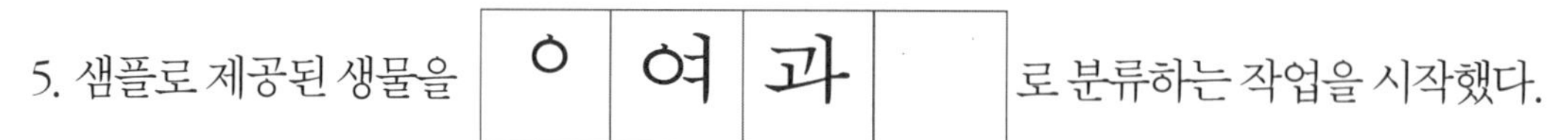

5. 샘플로 제공된 생물을 [ㅇ | 여 | 과 |] 로 분류하는 작업을 시작했다.

· 생물의 분류에서, 발생 계통 가운데 어느 정도 가까운가를 나타내는 관계.

6. 독서에 골몰하여 [제 | ㅈ | 배 | ㄱ] 의 사상을 섭렵하였다.

· 춘추 전국 시대의 여러 학파. 공자, 노자 등이 있다.

다음 관용구에 관한 문제를 푸시오.

7. 다음 중 빈칸에 공통적으로 들어갈 말은? (   )

· ____이 익다

1) 여러 번 다니어서 길에 익숙하다.

· ____을 끊다

2) 오가지 않거나 관계를 끊다.

· ____로 뛰다

3) 어떤 일을 몸소 열심히 하다.

· ____이 저리다

4) 지은 죄가 있어 마음이 조마조마하다.

8. 다음 중 빈칸에 공통적으로 들어갈 말은? (   )

· ____을 걷어붙이다

1)무슨 일에 적극적이다.

· ____이 안으로 굽다

2)친분이 두터운 쪽으로 마음이 기울다.

· 한 ____을 잃다

3) 도움이 되는 가장 중요한 사람을 잃다.

· 칠색 ____색을 하다

4) 매우 질색을 하다.

9. 다음 중 빈칸에 공통적으로 들어갈 말은? (   )

· ____를 맞대다

1)함께 모여 의논하다.

· ____에 내 천(川) 자를 그리다

2)마음이 언짢거나 수심에 싸여 얼굴을 잔뜩 찌푸리다.

다음 빈칸에 알맞은 말을 쓰시오.

10. 인생의 | ㄱ | ㅂ | 를 잘 이겨내서 꼭 성공하라.

· 괴로움과 슬픔.

11. 이번 탐사는 새로운 연구의 물꼬를 텄다는 점에서 | 의 | | 가 있다.

· 어떤 사실이나 행위 따위가 갖는 중요성이나 가치.

12. | 취 | 어 | 나 | 을 대비하여 미리 준비를 잘해두어야 한다.

· 일자리를 구하는 사람은 많고 일자리는 적어서 일자리를 구하기 위해 겪는 어려움.

13. 그는 자신의 업무를 성공적으로 해냄으로써 아직 | 거 | ㅈ | 함을 과시했다.

· 힘이나 능력이 줄어들지 않고 여전히 그대로 있다.

14. 이 학장님은 | ㅅ | 화 | 으로 어제 저녁 8시에 별세하셨습니다.

· 오래 묵은 병.

15. 승산이 없자 | 구 | 변 | 을 늘어놓아 원성을 샀다.

· 상대편을 이론으로 이기기 위해 상대편의 사고를 혼란시키거나 감정을 격앙시켜 거짓을 참인 것처럼 꾸며 대는 논법.

16. 그는 계속 되는 논란에 결국 | 경 | 질 | 되었다.

· 어떤 직위에 있는 사람을 다른 사람으로 바꿈.

17. 이제 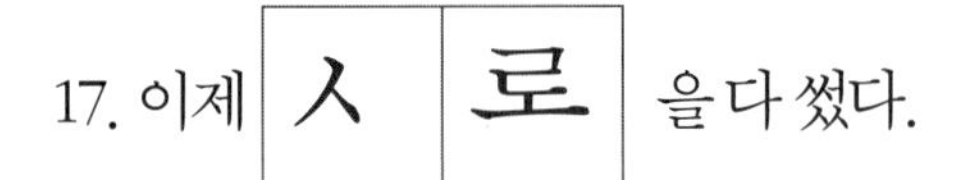 을 다 썼다.

· 말이나 글 따위에서 본격적인 논의를 하기 위한 실마리가 되는 부분.

18. | 보 | 로 | 의 목차를 수정해야 겠다.

· 말이나 글에서 주장이 있는 부분.

19. | 겨 | 로 | 만 마무리 하면 된다.

· 말이나 글의 끝을 맺는 부분.

20. 이 논문은 | 노 | 즈 | 이 탄탄하여 본보기가 된다.

· 옳고 그름을 이유를 들어 밝힘. 또는 그 근거나 이유.

21. | 여 | 여 | 버 | 은 경험에 의하지 않고 논리상 필연적인 결론을 내린다.

· 일반적 사실이나 원리를 전제로 하여 개별적인 특수한 사실이나 원리를 결론으로 이끌어 내는 추리 방법을 이른다. 삼단 논법이 대표적이다.

22. | 귀 | 나 | 버 | 은 경험적 사례에서 일반 법칙에 이른다.

· 개별적인 특수한 사실이나 원리를 전제로 하여 일반적인 사실이나 원리로서의 결론을 이끌어 내는 연구 방법. 인과 관계를 확정하는 데에 사용된다.

다음 빈칸에 들어갈 알맞은 말을 보기에서 찾아 쓰시오.

23. 이번에는 __________ 900점이 목표다.

· 외국인의 영어 능력을 측정하기 위하여 미국의 교육 기관에서 개발한 영어 능력 시험으로 일상생활이나 비즈니스에 중점을 두고 있다.

24. 지난 2년간 꾸준히 ____________ 공부를 해왔다.

· 미국 등 영어를 공용어로 사용하고 있는 나라에 유학하려는 사람을 대상으로 한 영어 시험으로 학술적인 면에 중점을 두고 있다.

25. __________________에 응시할 계획이다.

· 초중고 학생과 일반인을 대상으로 한국사에 대한 지식을 평가하기 위하여 국사 편찬 위원회에서 해마다 실시하는 시험이다.

26. 그녀는 ___________________를 치르기 위해 공부하고 있다.

· 한국어를 모국어로 하지 않는 재외 동포와 외국인의 한국어 사용 능력을 측정하고 평가하는 시험.

보기

토익　토플　인증　한국사 능력 검정 시험　한국어 능력 시험

다음 속담에 알맞은 답을 쓰시오.

27. 다음 빈칸에 공통적으로 들어갈 말은? (   )

· ___ 안 대고 코 풀기

· ___ 이 발이 되도록 빌다

· ___ 으로 하늘 찌르기

28. 뜻이 통하는 것끼리 이으시오.

① ___ 이 발이 되도록 빌다 ·   · ㉠ 일을 힘 안 들이고 아주 쉽게 해치움.

② ___ 으로 하늘 찌르기 ·   · ㉡ 허물이나 잘못을 용서하여 달라고 간절히 빎.

③ ___ 안 대고 코 풀기 ·   · ㉢ 될 가망이 없는 일을 함.

29. 다음 빈칸에 공통적으로 들어갈 말은? (   )

· 사람은 ______보다 마음이 고와야 한다

· 제 _____ 더러운 줄 모르고 거울만 나무란다

· 개똥 밟은 _____

30. 뜻이 통하는 것끼리 이으시오.

①사람은 _____보다 마음이 고와야 한다 ·   · ㉠외모보다 마음씨가 더 중요함.

②제 _____ 더러운 줄 모르고 거울만 나무란다 ·   · ㉡안 좋은 일로 일그러진 얼굴.

③개똥 밟은 _____ ·   · ㉢자기 잘못은 모르고 남만 탓함.

제10강

다음 빈칸에 알맞은 말을 쓰시오.

1. 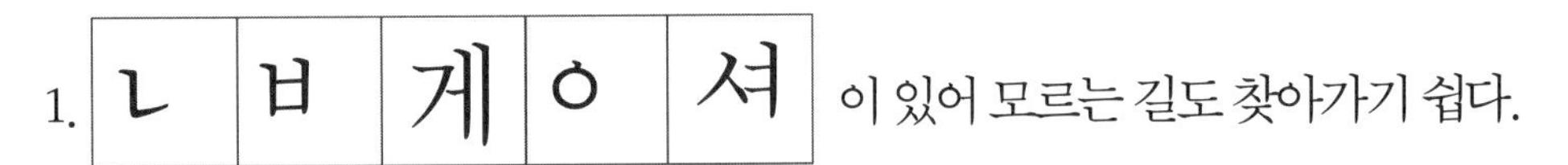

이 있어 모르는 길도 찾아가기 쉽다.

· 지도를 보이거나 지름길을 찾아 주어 자동차 운전을 도와주는 프로그램.

2. 김치냉장고 안쪽으로 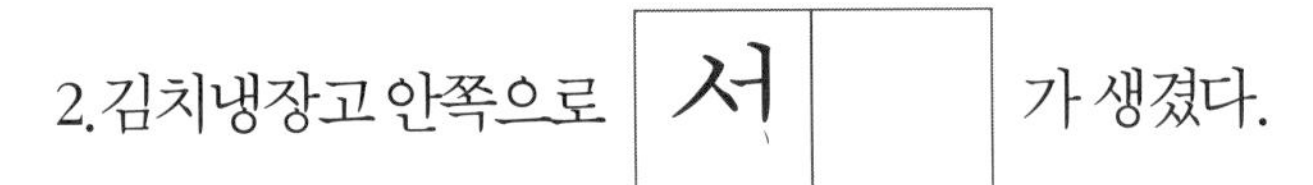

가 생겼다.

· 기온이 영하일 때 유리나 벽 따위에 수증기가 허옇게 얼어붙은 서릿발.

3. 소스는 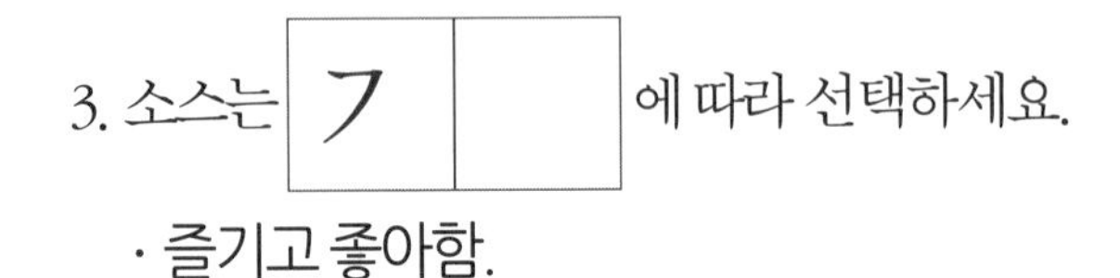

에 따라 선택하세요.

· 즐기고 좋아함.

4. 시나브로나 알음알음처럼 아름다운 [ㄱ][유][ ] 가 참 많다.

· 본디부터 있던 말. 그것에 기초하여 새로 만들어진 말.

5. 심각한 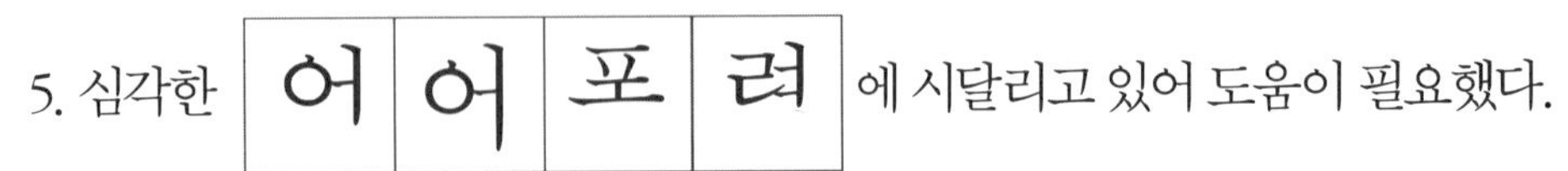

에 시달리고 있어 도움이 필요했다.

· 욕설, 협박 등을 하는 일.

6. 가난의 [ ][에] 에서 벗어날 수 있는 방법을 찾고 있었다.

· 쉽게 벗어날 수 없는 구속이나 억압.

7. 화산재가 [ ][적] 되어 응회암이 만들어진다.

· 많이 덮쳐져 쌓임.

8. 액체가 갑자기 끓어오르는 것을 [바][ㅈ] 하기 위해 끓임쪽을 넣는다.

· 어떤 일이나 현상이 일어나지 못하게 막음.

9. [ㄴ][도][차][ ] 라고 보기에는 다소 어려운 느낌이 있었다.

· 기업이 근로자의 생산성보다 낮은 임금을 지급하는 일.

10. 도덕은 인간이라면 마땅히 지켜야 할 [ㄷ][ ] 를 뜻한다.

· 사람이 어떤 입장에서 마땅히 행하여야 할 바른길.

11. 동료로 함께 온 사람은 [ㅎ][ㅅ][패][ㄴ] 이었다.

· 주로 미국에 거주하는 라틴 아메리카 출신자.

12. 도교는 삼국시대에 전래되어 고려 시대에 크게 [ㅇ][해] 하였다.

· 일시적으로 많은 사람의 추종을 받아서 널리 퍼짐.

13. 무한소수는 원주율처럼 소수점 아래의 0이 아닌 숫자가 [ㅁ][하][ㅎ] 많은 소수다.

· 수, 공간, 시간 따위에 제한이나 한계가 없이.

14. 콩팥에서 혈액 속의 [ㄴ][폐][ㅁ] 을 걸러 오줌을 만든다.

· 생체 내에서 생성된 대사산물 중 생체에서 필요 없는 것.

다음 중 밑줄 친 단어의 뜻으로 옳은 것은?

15. 승우 씨는 주휴수당을 받았다. (   )

① 관청이나 회사 따위에서 직원에게 월급 외에 그 업적이나 공헌도에 따라 금전을 주는 것.

② 근로자가 유급 주휴일에 받는 수당.

16. 여성 근로자들이 합심하여 양성평등을 주장했다. (   )

①양쪽 성별에 권리, 의무, 자격 등이 차별 없이 고르고 한결같음.

②둘 이상의 대상을 각각 등급이나 수준 따위의 차이를 두어서 구별함.

17. 관계자는 사모펀드 투자를 통해 수익을 기대해볼 수 있다고 발표했다. (   )

①금융 기관에 일정 금액을 일정 기간 동안 불입한 다음에 찾는 저금.

②소수의 투자자에게서 비공개로 자금을 모아 주식과 채권 따위에 투자해 운용하는 펀드.

18. 정말 내로남불이 따로 없다! (   )

①처지를 바꾸어서 생각하여 봄.

② '내가 하면 로맨스, 남이 하면 불륜'이라는 뜻으로, 남이 할 때는 비난하던 행위를 자신이 할 때는 합리화하는 태도를 이르는 말.

19. 현재 동시간대에 스트리밍 서비스 중입니다. (   )

① 컴퓨터 통신망을 통하여 파일이나 자료를 받아 오는 것.

②음악 파일이나 동영상 파일을 인터넷에 연결된 상태에서 실시간으로 재생하는 일.

서로 뜻이 통하는 것끼리 이으시오.

20. 변리사 ·

21. 변호사 ·

22. 의사 ·

23. 공인회계사 ·

24. 세무사 ·

25. 행정사 ·

26. 감정평가사 ·

· ㉠일정한 자격을 가지고 병을 고치는 것을 직업으로 하는 사람.

· ㉡ 특허, 실용신안, 의장 및 상표 따위에 관한 사무를 대리 또는 감정하는 일을 [어] 으로 삼는 사람.

▸ 생계를 유지하기 위하여 자신의 적성과 능력에 따라 일정한 기간 동안 계속하여 종사하는 일

· ㉢ 소송 당사자나 관계인의 의뢰 또는 법원의 명령에 따라 피고나 원고를 변론하며 그 밖의 법률에 관한 업무에 종사하는 사람.

· ㉣납세 의무자의 부탁을 받아 [ㅅ][그] 업무에 관한 일을 대신 처리하여 주거나 상담하는 일을 직업으로 하는 사람.

▸ 국가 또는 지방 공공 단체가경비로 사용하기 위해 국민으로부터 강제로 거두어들이는 금전.

· ㉤ 회계에 관한 감사, 감정 등을 전문적으로 처리할 수 있는 법적 자격을 갖춘 사람.

· ㉥동산이나 부동산 와 같은 재산의 [ㄱ][격] 을 감정 평가 할 수 있는 법적 자격을 가진 사람.

▸ 물건이 지니고 있는 가치를 돈으로 나타낸 것.

· ㉦다른 사람의 [ㅇ][이] 을 받아 행정 기관에 낼 서류, 주민의 권리 · 의무와 사실 증명에 관한 서류의 작성 따위를 업으로 하는 사람.

▸ 당사자 중 한쪽이 상대편에게 사무 처리를 맡기고 상대편은 이를 승낙함으로써 성립하는 계약.

다음 중 관계된 것끼리 이으시오.

27. 자연적 배경 ·

28. 시간적 배경 ·

29. 심리적 배경 ·

· ㉠문학 작품에서 주제를 뒷받침하는 시대적 · 사회적 환경.

· ㉡문학 작품에서, 사건이 진행되는 물리적 환경. 등장인물의 내면 상태나 심리 변화, 성격 따위를 드러내기 위하여 비유적으로 활용하기도 한다.

· ㉢등장인물의 내면 세계나 그 인물이 처한 심리적 상황. 주로 의식의 흐름이나 | | 저 | 도 | 배 | , 이미지의 점철 등을 꾀하는 소설에서 중요하게 취급된다.

▸ 등장인물의 의식 상태나 마음속 생각을 일인칭 현재 화법의 형태로 드러내 보여 주는 서술 기법.

---

30. 단편소설 ·

31. 장편소설 ·

32. 엽편소설 ·

33. 대하소설 ·

· ㉣구성이 복잡하고 다루는 세계도 넓으며 등장인물도 다양한 긴 소설.

· ㉤길이가 짧은 형태의 소설. 보통 200자 원고지 70매 내외의 분량.

· ㉥ 단편 소설보다도 짧은 소설. 콩트라고도 한다.

· ㉦생애, 가족, 역사 등을 사회적 배경에서 시대의 흐름에 따라 포괄적으로 다루는 소설로 구성의 규모가 크다.

다음 빈칸에 알맞은 말을 쓰시오.

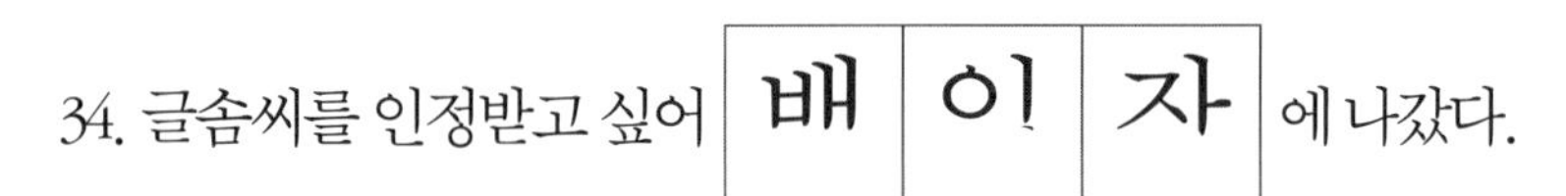

34. 글솜씨를 인정받고 싶어 [배][이][자] 에 나갔다.

· 국가나 단체에서, 글짓기를 장려하기 위하여 실시하는 글짓기 대회.

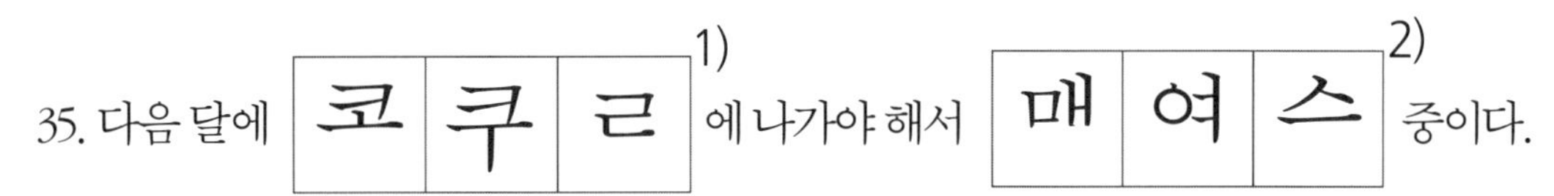

35. 다음 달에 [코][쿠][르] 1) 에 나가야 해서 [매][여][스] 2) 중이다.

· 음악, 미술, 영화 따위를 장려할 목적으로 그 기능의 우열을 가리기 위하여 여는 경연회.

· 맹렬한 연습.

36. 대학원생인 형은 [노][무] 1) 을 쓴다고 [여][ ] 2) 이 없었다.

· 어떤 것에 관하여 체계적으로 자기 의견이나 주장을 적은 글. 그 체계는 대개 서론, 본론, 결론의 세 단계이다.

· 어떤 일에 대하여 생각하고 있는 것 이외의 다른 생각.

37. 수학 [겨][ㅅ] [대][ ] 에서 본선에 올랐다.

· 한 분야의 특기자들이 한곳에 모여 시험을 치르는 대회.

38. 노래 대회에 나가 한껏 [ㄱ][차][려] 을 뽐냈다.

· 노래를 부르는 능력.

39. 미술대전에 작품을 [ㅊ][ㅍ] 하기 위해 출발했다.

· 전람회, 전시회, 품평회 따위에 작품이나 물품을 내어놓음.

제11강

다음 문제를 푸시오.

1. 다음 중 '난처한 일이나 불행한 일이 잇따라 일어남'의 뜻을 가진 말은? (　　　　　)

① 파천황　　　　② 사면초가

③ 나무 끝의 새 같다　　　　④ 설상가상

2. 다음 중 맞는 것에 동그라미 치시오.

① 획기적인 신제품을 (개발/계발)하여 총체적 난국을 극복하겠다.

② 믿기 어렵겠지만 이것은 (실제/실재) 상황이다.

3. 다음 단어의 사전적 뜻풀이로 옳지 않은 것은? (　　　　　)

①을씨년스럽다 → 보기에 날씨나 분위기 따위가 몹시 스산하고 쓸쓸한 데가 있다.

②짬짜미 → 남모르게 자기들끼리만 짜고 하는 약속이나 수작.

③괄괄하다 → 성품이나 태도가 침착하고 단정하다.

④내처 → 안방에 거처함. 또는 그 안방.

4. 다음 중 뜻이 통하는 것끼리 이으시오.

①전전반측 ·　　　　· ㉠작은 일을 크게 불리어 떠벌림.

②풍비박산 ·　　　　· ㉡누워서 몸을 이리저리 뒤척이며 잠을 이루지 못함.

③침소봉대 ·　　　　· ㉢부지런히 학문과 덕행을 닦음

④절차탁마 ·　　　　· ㉣서늘한 가을밤은 등불을 가까이 하여 글 읽기에 좋음

⑤등화가친 ·　　　　· ㉤사방으로 날아 흩어짐.

다음 중 서로 뜻이 통하는 것끼리 줄로 이으시오.

5.대상포진 ·	· ㉠감기에 걸리거나 [화][저][기] 가 되었을 때에, 과로로 생긴다. 편도가 벌겋게 붓는다. ▸ 철이 바뀌는 시기.
6.결막염 ·	· ㉡눈이 [충][ ] 되고 붓고 눈물이 난다. 알레르기나 물리 화학적 자극 등이 원인이다. ▸ 결막이 빨갛게 되는 상태.
7. 편도염 ·	· ㉢몸의 좌우 한쪽 신경에 포진 [ㅂ][ㅇ][러][ㅅ] 가 감염되어 일어나는 병. ▸ 동물, 식물, 세균 따위의 살아 있는 세포에 기생하고, 세포 안에서만 증식이 가능한 비세포성 생물.
8.족저 근막염 ·	· ㉣발바닥 [그][마] 의 통증을 유발하는 염증. ▸ 섬유 조직으로 이루어진 막.
9. 외이도염 ·	· ㉤바깥귀길에 생기는 [여][증]. ▸ 생체 조직이 손상을 입었을 때에 체내에서 일어나는 방어적 반응.
10. 비염 ·	· ㉥코안 [저][마] 에 생기는 염증. ▸ 위창자관, 기도와 같은 대롱 모양 구조의 속 공간을 덮고 있는 부드럽고 끈끈한 막
11. 위염 ·	· ㉦위 점막에 생기는 염증성 질환.

다음 빈칸에 들어갈 알맞은 말을 보기에서 찾아 쓰시오.

12. 17세기에서 18세기까지 유럽에서 미술, 건축, 음악 등에 유행했던 양식을 ____________ 라고 한다. 우아하고 경쾌한 것이 특징이다.

13. 예술 창작의 기본 원리로서의 모방이나 재현을 ____________라고 한다.

14. _______는 16세기 말부터 18세기 중엽에 걸쳐 유럽에서 유행한 예술 양식으로 르네상스 양식에 비해 파격적이고, 동적인 표현이 특징이다.

15. _____________은 18세기 후반에 독일에서 일어난 문학 운동으로 감정의 해방, 개성의 존중을 주장하였다.

16. ___________는 14세기에서 16세기에, 이탈리아를 중심으로 유럽 여러 나라에서 일어난 인간성 해방을 위한 문화 혁신 운동을 뜻한다.

17. 고대 그리스 연극에서 쓰인 무대 기법의 하나로 갑자기 신이 공중에서 나타나 위급하고 복잡한 사건을 해결하는 수법을 __________________라고 한다.

보기

바로크　로코코　미메시스　슈투름 운트 드랑　데우스 엑스 마키나　르네상스

다음 중 서로 뜻이 통하는 것을 고르시오.

애틋하다	①섭섭하고 안타까워 애가 타는 듯하다. ②정답고 알뜰한 맛이 있다.

18. 애틋한 첫 사랑의 기억. (   )

19. 그의 발표는 듣는 사람으로 하여금 애틋한 여운을 남겼다. (   )

20. '애틋하다'을 소리나는 대로 쓰시오. (   )

매섭다	① 남이 겁을 낼 만큼 성질이나 기세 따위가 매몰차고 날카롭다. ②정도가 매우 심하다. ③비판이나 비난이 날카로워 두려움을 주는 상태.

21. 매서운 추위 앞에서 견디기 힘들었다. (   )

22. 매서운 눈길로 쏘아 보았다. (   )

23. 허를 찌르는 매서운 공격 앞에 정신이 아찔했다. (   )

출신	①출생 당시 가정이 속하여 있던 사회적 신분. ②학교, 직업 따위에서 규정되는 사회적인 신분이나 이력 관계.

24. 통일 신라에서 최초의 진골 출신의 왕은 무열왕이다. (   )

25. 같은 학교 출신이라고 반가워 했다. (   )

다음 빈칸에 알맞은 답을 쓰시오.

26. 요즘 ㅇ 화 읽는 재미에 빠졌다.

· 교훈을 얻게 되는 알레고리적 이야기.

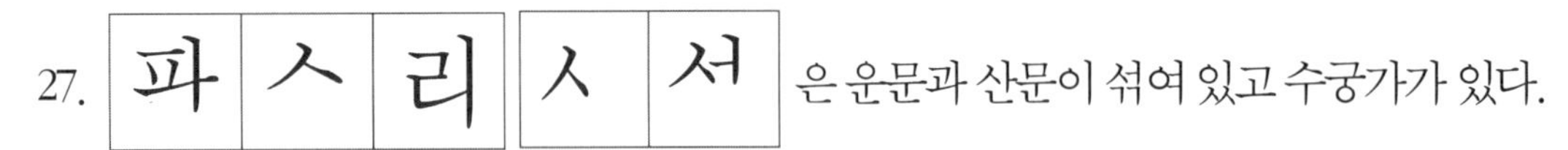
27. 파 ㅅ 리 ㅅ 서 은 운문과 산문이 섞여 있고 수궁가가 있다.

· 판소리를 글로 엮어 가사로서 표현한 것.

28. 주요 시 ㅅ 서 로는 '혈의 누'가 있다.

· 갑오개혁 이후부터 현대 소설이 창작되기 전까지 이루어진 소설.

29. 우리나라의 ㄱ 전 ㅅ 서 은 신소설이 나오기 전까지 창작된 소설이다.

· 19세기 이전에 창작된 소설을 이르는 말. 고소설이라고도 한다.

30. 요즘 ㅅ 서 쓰는 기술을 익히고 있다.

· 사실이나 작가의 상상력에 바탕을 두고 허구적으로 이야기를 꾸며 나간 산문 문학.

31. 현 대 ㅅ 서 만 모아둔 작품집이다.

· 19세기 근대 이후 씌어진 소설. 한국에서는 근대 소설과 신소설 이후 발표된 소설.

32. 신문 ㅅ 서 은 꼭 챙겨 본다.

· 신문이나 잡지에서, 글쓴이의 주장이나 의견을 써내는 논설.

뜻이 통하는 것끼리 줄로 이으시오.

33. 주동인물 ·	· ㉠이야기에서 주인공과 대립하여 갈등을 일으키는 인물.
34. 반동인물 ·	· ㉡소설에서 작가가 개입하지 않고 대화가 진행됨에 따라 인물의 세부적 모습이나 생각이 객관적, 극적으로 제시된다
35.간접적 제시 ·	· ㉢주인공. 중심 사건을 주도하거나 작가가 의도하는 주제의 방향과 [ㅂ][하] 하는 인물. ▸ 사물이나 현상이 서로 꼭 들어맞다.
36.주요인물 ·	· ㉣서사물에서 극적인 비중이 큰 인물.
37.전형적 인물 ·	· ㉤한 사회의 집단적 성격을 대표하며 성격의 보편성을 내포한 인물.
38.개성적 인물 ·	· ㉥어떤 무리의 대표적 성격이 아니라 개인만의 분명하고 독특한 성격을 가진 인물.
39.평면적 인물 ·	· ㉦단일하고 [이][관] 된 성격을 보여 주는 인물. ▸ 하나의 방법이나 태도로써 처음부터 끝까지 한결같이 되다.
40.입체적 인물 ·	· ㉧변화하고 발전하는 성격을 보여 주는 인물.

제12강

다음 빈칸에 들어갈 알맞은 말을 보기에서 찾아 쓰시오.

1. ________의 질량은 지구의 18분의 1이다.

 · 태양에서 가장 가까운 행성.

2. ________의 주성분은 수소와 헬륨이고 주성분은 수소와 헬륨이며, 표면의 대기는 주로 메탄, 암모니아 가스로 이루어져 있다.

 · 태양계의 행성 가운데 가장 큰 천체.

3. ________의 크기는 지구와 비슷하다.

 · 지구에 가장 가까이 있는 천체.

4. ________의 둘레에 아름다운 큰 고리 같은 테가 있다.

 · 태양계의 행성 가운데 둘째로 큰 행성.

5. ________의 공전 주기는 약 84년이다.

 · 태양에서 일곱째로 가까운 행성으로 27개의 위성이 발견되었다.

6. ________에는 두개의 위성이 있다.

 · 태양에서 넷째로 가까운 행성.

보기

토성 천왕성 수성 목성 금성 화성

다음 속담에 알맞은 답을 쓰시오.

7. 다음 빈칸에 공통적으로 들어갈 말은? (   )

· ______개 보듯

· ______ 쥐 생각

· ______ 앞에 쥐

8.뜻이 통하는 것끼리 이으시오.

① ______ 쥐 생각 ·	· ㉠무서운 사람 앞에서 설설 기면서 꼼짝 못함
② ______개 보듯 ·	· ㉡속으로는 해칠 마음을 품고 있으면서, 겉으로는 생각해 주는 척함
③ ______ 앞에 쥐 ·	· ㉢사이가 나빠 서로 해칠 기회만 찾는 모양.

9. 다음 빈칸에 공통적으로 들어갈 말은? (   )

· 아무리 쫓기어도 _____ 벗고 가랴

· 의가 없는 부부는 맞지 않는 ______과 같다

· 냇물은 보이지도 않는데 ______부터 벗는다

10.뜻이 통하는 것끼리 이으시오.

① 냇물은 보이지도 않는데 ______부터 벗는다 ·	· ㉠아무리 급하더라도 체면을 차려야 함.
② 의가 없는 부부는 맞지 않는 ______과 같다 ·	· ㉡하는 짓이 턱없이 성급함.
③ 아무리 쫓기어도 _____ 벗고 가랴 ·	· ㉢사이 나쁜 부부는 마음에 고통을 주게 됨.

뜻이 통하는 것끼리 줄로 이으시오.

11.유전학 ・

・㉠병이나 | ㄱ | 혀 | 의 형태나 기능을 조사하여 그 성립 원리와 본질을 연구하는 학문.

▸동식물에서, 정상의 형태와는 다른 것.

12.생명공학 ・

・㉡유전 현상을 | 여 | 구 | 하는 학문.

▸ 어떤 일이나 사물에 대하여서 깊이 있게 조사하고 생각하여 진리를 따져 보는 일.

13. 병리학 ・

・㉢생명 현상, 생물 기능 그 자체를 인위적으로 조작하는 기술을 통틀어 이르는 말.

14.생리학 ・

・㉣생명체에 일정한 | | 하 | 물 | 지 | 을 주었을 때 일어나는 변화를 연구하는 학문.

▸화학의 연구 대상이 되는 물질. 또는 화학적 방법에 따라 인공적으로 만들어진 모든 물질.

15. 약리학 ・

・㉤생물의 기능과 활동의 | ㅇ | ㄹ | 를 연구하는 학문.

▸사물의 근본이 되는 이치.

16. 유전공학 ・

・㉥유전자의 합성, 변형 따위를 연구하는 학문.

17. 전자공학 ・

・㉦ | 저 | ㅈ | 의 운동 현상과 그 응용 기술을 연구하는 학문.

▸음전하를 가지고 원자핵의 주위를 도는 소립자의 하나.

다음 빈칸에 들어갈 알맞은 말을 보기에서 찾아 쓰시오.

18. ________는 남에게 알려지지 않은 재미있는 이야기로 | 이 | 호 | 라고도 한다.

· 세상에 널리 알려지지 아니한 흥미 있는 이야기.

19. ____________는 | 자 | 호 |[1] 하고 | ㄱ | 괴 |[2] 하고 | 토 | 려 | 하 |[3]

풍자를 내용으로 하는 희극이다.

· 1) 잔인하고 혹독함.　· 2) 외관이나 분위기가 괴상하고 기이하다.

· 3) 몹시 날카롭고 매섭다.

20. ____________창작이나 논의의 중심 과제나 주된 내용으로 주제라고도 한다.

21. ______________무대와 등장인물은 같지만 매회 이야기가 다른 방송 코미디로 시추에이션 코미디라고도 한다.

22. 영화, 드라마, 문학 작품에서 줄거리의 전개가 관객이나 독자에게 주는 불안감과 긴박감을 __________라고 한다.

23. 회화, 조각 등의 예술 작품을 표현하는 동기가 된 작가의 중심 사상을 __________라고 한다.

보기

에피소드　블랙 코미디　테마　시트콤　서스펜스　모티프

다음 관용구에 관한 문제를 푸시오.

24. 다음 중 빈칸에 공통적으로 들어갈 말은? (   )

· _______를 굽히다

1)남에게 겸손한 태도를 취하다.

· _______가 부러지다

2)어떤 일에 대한 부담이 감당하기 어려운 상태가 되다.

· _______가 꼿꼿하다

3)나이에 비하여 젊다.

· _______를 펴다

4) 어려운 고비를 넘기고 편하게 지낼 수 있게 되다.

25. 다음 중 빈칸에 공통적으로 들어갈 말은? (   )

· _______를 고치다

1)가난하던 사람이 잘살게 되다.

· _______가 사납다

2)기구한 운명을 타고나다.

· _______에 없다

3)분수에 넘쳐 어울리지 않다.

· 걱정도 _______다

4)하지 않아도 될 걱정을 자꾸 하거나 남의 일에 참견하는 사람에게 놀림조로 이르는 말.

26. 다음 중 빈칸에 공통적으로 들어갈 말은? (   )

· _______을 먹다

1) 생존하거나 생활하다.

· 죽이 되든 _______이 되든

2)일이 제대로 되든지 안되든지 어쨌든.

뜻이 통하는 것끼리 줄로 이으시오.

27. 1인칭 관찰자 시점 ·

28. 전지적 작가 시점 ·

29. 1인칭 주인공 시점 ·

30. 3인칭 관찰자 시점 ·

·㉠서술자가 소설 바깥에서 전지적인 신처럼 각 인물의 내면을 | 과 | 토 |1) 하며 사건의 | 저 | 마 |2) 을 알고 있는 듯이 서술하는 방식.

▸ 1)꿰뚫어서 통하다.
▸ 2) 처음부터 끝까지 일이 진행되어 온 경과.

·㉡ 이야기에 | ㅂ | ㅊ | 저 | 인물로 등장하는 '나'가 주인공의 이야기를 서술하고 설명하는 방식.

▸ 주된 것이 아니라 그것에 곁딸린.

·㉢ 화자가 작품의 상황 속에 등장하기는 하지만 주요 사건에 대해서 | 과 | 차 |1) 하고 | ㅁ | ㅅ |2) 하는 역할만을 맡는 서술 방식.

▸ 사물이나 현상을 주의하여 자세히 살펴봄.
▸ 어떤 대상이나 사물, 현상 따위를 언어로 서술하거나 그림을 그려서 표현함.

·㉣ | ㅈ | 이 | 고 | '나'가 자신의 이야기를 하는 시점.

▸ 연극, 소설 따위에서 사건의 중심이 되는 인물.

제13강

다음 밑줄 친 단어의 뜻으로 옳은 것을 고르시오.

1. 규율이 축소되면서 자유로운 분위기가 조성되었다. (　　　　　)

①질서나 제도를 유지하기 위하여 정하여 놓은, 행동의 준칙이 되는 본보기.

②세상의 되어 가는 형편.

2. 격식을 차리는 자리라 긴장이 되었다.　(　　　　　)

①격에 맞는 일정한 방식.

②예의에 관한 모든 절차나 질서.

3. 미처 내 깜냥을 알지 못했던 것이 후회된다.　(　　　　　)

①스스로 일을 헤아림.

②이전의 잘못을 깨치고 뉘우침.

4. 신석기 시대의 도구는 간석기다. (　　　　　)

①부분이나 온 면을 갈아서 만든 석기.

②돌을 깨서 만든 돌연장.

5. 화해해야 한다는 분위기가 빠르게 확산되고 있다. (　　　　　)

①서로 가지고 있던 안 좋은 감정을 풀어 없앰.

②흩어져 널리 퍼짐.

밑줄 친 단어의 뜻풀이에 알맞은 말을 쓰시오.

6. 그는 자신의 오랜 장래희망이었던 과학자가 되었다.

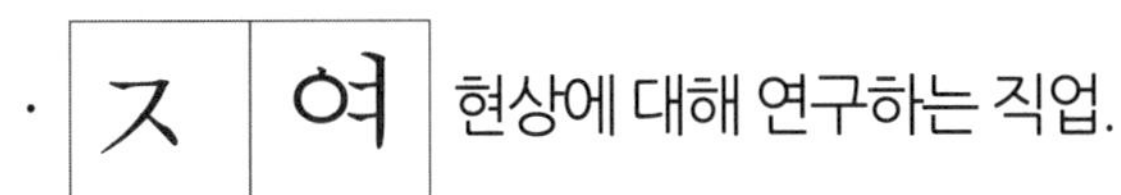

· ㅈ 여 현상에 대해 연구하는 직업.

7. 기습 추위가 몰려올 예정이니 난방에 신경 써야 한다.

· 실내의 오 ㄷ 를 높여 따뜻하게 하는 일.

8. 녹말은 침에 의해서 엿당으로 분해된다.

· 한 종류의 ( ) 하 ㅁ 이 두 가지 이상의 간단한 화합물로 변화함.

9. 어떤 기준으로 분류할 것인지 생각하세요.

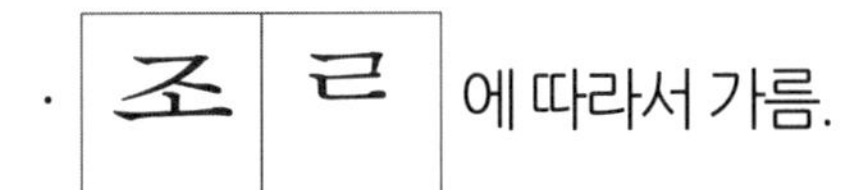

· 조 ㄹ 에 따라서 가름.

10. 장비에 윤활유를 발라두어서 더이상 불쾌한 소리가 나지 않았다.

· 기계가 맞닿는 부분의 마찰을 덜기 위하여 쓰는 ㄱ 르.

11. 만대에 전해져 오는 가보.

· 아주 오래 계속되는 세 ( ).

12. 적막한 산속에서 하늘을 보다.

· 고요하고 쓰 쓰 하다.

다음 빈칸에 들어갈 알맞은 말을 보기에서 찾아 쓰시오.

13. 평일에는 ________(1)로 일하고 주말마다 편의점에서 ____________(2)를 했다.

· 일정한 소속이 없이 자유 계약으로 일하는 사람
· 본래의 직업이 아닌, 임시로 하는 일.

14. 일을 하고 싶어서 __________를 유심히 살펴 보았다.

· 일할 사람을 구하기 위해 내는 공고.

15. 제출 서류인 ____________를 준비하느라 바쁘다.

· 자기의 이름, 경력, 직업 따위를 알리는 내용이 담긴 문서.

16. 내일은 _________을 보는 날이다.

· 직접 만나서 인품, 언행 등을 평가하는 시험

17. 100번의 도전 끝에 드디어 _______에 성공하였다.

· 일정한 직업을 잡아 직장에 나감.

18. 실무에서 경험을 쌓아 _______을 시작하게 되었다.

· 사업 따위를 처음으로 이루어 시작함.

보기

취업 창업 프리랜서 아르바이트 면접 자기소개서 채용공고 다음 빈칸에 들어갈 알맞은 말을 보기에서 찾아 쓰고 빈칸에 알맞은 말을 쓰시오.

19. ____________는 | ㄱ | 이 | ㄹ | 를 분류한 학명으로 '생각하는 사람'이라는 뜻이다. 네안데르탈인과 현생 인류를 포함한다.

· 고대의 인류.

20. _________는 1924년에 남아프리카 타웅에서 발견한 화석 인류다. 약 300만 년 전에 생존하였던 것으로 추정되며, 완전한 | 지 | 리 | | | 해 | 을 했다.

· 사지를 가지는 동물이 뒷다리만을 사용하여 등을 꼿꼿하게 세우고 걷는 일. 주로 인간이 이동하는 형태를 이르는 말이다.

21. __________________는 유인원과 | 혀 | 새 | | 이 | ㄹ | 의 중간 단계의 화석 인류다.

· 현재 생존하고 있는 인류와 같은 종에 속하는 인류.

22. ______________은 1868년 프랑스 크로마뇽 동굴에서 발견된 최초의 현생 인류다. 큰 키와 넓은 얼굴, 깊숙한 눈의 특징으로 보아 지금의 유럽인의 조상으로 여겨진다.

23.___________는 약 150만 년 전 플라이스토세에 살았던 인류로, 능력 있는 사람이라는 뜻이다.

보기

호모 에렉투스　호모 사피엔스　오스트랄로피테쿠스　크로마뇽인　호모 하빌리스

다음 관용구에 관한 문제를 푸시오.

24. 다음 중 빈칸에 공통적으로 들어갈 말은? (　　　　　)

· ____를 빼물다

▶ 괴롭거나 힘들어 몸이 축 늘어지다.

· ____가 굳다

▶ 놀라거나 당황하여 말을 잘하지 못하다.

· ____를 차다

▶ 마음이 언짢거나 유감의 뜻.

· ____를 내두르다

▶ 몹시 놀라거나 어이없어서 말을 못하다.

25. 다음 중 빈칸에 공통적으로 들어갈 말은? (　　　　　)

· ____이 붙어 있다

▶ 살아남아 있다.

· ____을 축이다

▶ 목 말라 물 따위를 마시다.

· ____이 타다

▶ 심하게 갈증을 느끼다.

· ____에 힘을 주다

▶ 남을 깔보는 듯한 태도를 취하다.

26. 다음 중 빈칸에 공통적으로 들어갈 말은? (　　　　　)

· ________을 잡히다

▶ 어떤 일에 꽉 잡혀서 벗어나지 못하게 하다.

· ________을 묶다

▶ 꼼짝 못 하게 하여 난처하게 만들다.

다음 중 맞는 것에 동그라미 치고 빈칸에 알맞은 말을 쓰시오.

27. (**취미 생활/취미생활**)을 즐기면서 성격도 바뀌었다.

· 어느 한두 가지 | 취 | ㅁ | 를 정하여 즐기면서 사는 생활.

28. (**국가고시/국가 고시**)를 앞두고 긴장이 되었지만, 마음을 잘 다스렸다.

· 어떤 자격이나 | 며 | | 를 주기 위하여 국가에서 시행하는 여러 가지 시험.

29. (**절대평가/절대 평가**)로 성적이 매겨진다.

· 학습자의 학업 성취도를 절대적인 | 기 | ㅈ | 에 따라 평가하는 일.

30. (**안전사고/안전 사고**)를 방지하기 위해 별도로 교육이 진행하기로 했다.

· 공사장 등에서 안전 교육의 미비, 또는 | ㅂ | 주 | ㅇ | 따위로 일어나는 사고.

31. 이번 (**중간고사/ 중간 고사**)는 자신 있다.

· 학기의 중간에 | 하 | 력 | 을 평가하기 위하여 실시하는 시험.

32. 이번 방학에 (**어학연수/어학 연수**)를 다녀올 생각이다.

· 외국어를 배우기 위해 | 혀 | ㅈ | 로 가서 그 나라의 말과 생활을 직접 배우는 학습 방법.

33. (**관계 당국/관계당국)의** 발표를 기다리고 있었다.

· 어떤 일에 직접 관계나 관련이 있는 | 다 | | .

제14강

밑줄 친 단어의 뜻으로 옳은 것을 고르시오.

1. 고민하지 말고 정면 돌파하라. (　　　　　)

①피하거나 에두르지 않고 직접 맞서 어려움이나 문제를 해결함.

②몸을 숨기고 만나지 않음.

2. 신입사원 연봉이 업계 최고였다. (　　　　　)

①일 년 동안에 받는 봉급의 총액.

②퇴직하는 사람에게 근무처에서 지급하는 돈.

3.3급은 3호봉이다. (　　　　　)

①돈이나 물품 따위를 줌.

②급여의 등급을 나타내는 단위.

4.하루 네 시간 일하고, 시급은 1만 원이었다. (　　　　　)

①노동한 시간에 따라 지급되는 임금.

②정해진 봉급 이외에 따로 주는 보수.

5. 그날 받은 일당은 10만 원이었다. (　　　　　)

①하루에 일한 대가로 얼마씩 정하여 받는 수당이나 보수.

②한 주일을 단위로 하여 지급하는 급료.

다음 속담에 알맞은 답을 쓰시오.

6. 다음 빈칸에 공통적으로 들어갈 말은? (   )

· 고양이 ___에 방울 달기

· 물만밥이 ___이 메다

· ___의 때도 못 씻는 살림

7.뜻이 통하는 것끼리 이으시오.

①___의 때도 못 씻는 살림 · · ㉠밥이 잘 넘어가지 않을 정도로 슬픈 감정.

②물만밥이 ___이 메다 · · ㉡실행하기 어려운 것을 공연히 의논함.

③고양이 ___에 방울 달기 · · ㉢변변히 먹지도 못하고 구차하게 지내는 살림.

8. 다음 빈칸에 공통적으로 들어갈 말은? (   )

· 남의 _____ 긁는다

· 기르던 개에게 _____를 물렸다

· 모기 _____의 피만 하다

9.뜻이 통하는 것끼리 이으시오.

①기르던 개에게 _____를 물렸다 · · ㉠은혜를 베푼 사람으로부터 큰 화를 입음.

②모기 _____의 피만 하다 · · ㉡분량이 아주 적음.

③남의 _____ 긁는다 · · ㉢자기가 해야 할 일을 모른 채 엉뚱하게 다른 일을 함.

다음 빈칸에 들어갈 알맞은 말을 보기에서 찾아 쓰고 빈칸에 알맞은 말을 쓰시오.

10. 인간의 [ㅈ][ㄴ] 1) 이 가지는 학습, [ㅊ][리] 2) 등의 기능을 갖춘 컴퓨터 시스템을 ________이라고 한다.

· 계산이나 문장 작성 따위의 지적 작업에서, 성취 정도에 따라 정하여지는 적응 능력.

· 알고 있는 것을 바탕으로 알지 못하는 것을 미루어서 생각함.

11. 정보 통신 기술을 바탕으로 [시][ㅈ] 1) 와 가상을 통합하여 사물을 자동적 · 지능적으로 제어할 수 있는 시스템을 [구][ ] 2) 하는 산업상의 큰 변화를 ____________라고 한다.

· 실제로 존재함.

· 체제, 체계 따위의 기초를 닦아 세움.

12. 특정 인물, 사물, 현상을 포털 사이트 검색창에 입력했을 때 그와 관련되어 나열되는 키워드를 __________라고 한다.

13. ________ 기존의 [ ][ㅇ][터][베][ ][ㅅ] 로는 수집, 저장 등를 수행하기가 어려울 만큼 방대한 양의 데이터를 뜻한다.

· 여러 가지 업무에 공동으로 필요한 데이터를 유기적으로 결합하여 저장한 집합체.

보기

인공지능 빅데이터 사차 산업 혁명 연관 검색어

다음 빈칸에 들어갈 알맞은 말을 보기에서 찾아 쓰시오.

14. 전문적으로 연구하는 과목을 ____________이라고 한다.

15. 대학의 학부에 | ㅈ | 하 | 중인 학생을 ________이라고 한다.

· 학교에 적을 두고 있음.

16. 대학의 교수 밑에서 연구와 사무를 돕는 직위를 ________라고 한다.

17. 매주 정해진 시간에만 강의를 하고 시간당 일정 급료를 받는 강사를 ________라고 한다.

18. 대학의 학부 과정을 마치고 규정된 절차를 밟은 학생에게 | ㅅ | | 하는 학위를 __________라고 한다. 대학원의 석사 과정을 마치고 규정 절차를 마친 사람에게는 ________를, 대학원의 박사 과정을 마치고 규정된 절차를 밟은 사람에게는________를 수여한다.

· 증서, 상장, 훈장 따위를 줌.

19. 학교의 교원 및 사무 직원을 _____________이라고 한다.

20. _____________는 대학에서 학문을 가르치고 연구하는 사람을 뜻한다.

보기

학부생 전공 시간강사 학사학위 석사학위

교직원 박사학위 조교 시간강사 교수

다음 문제를 보고 알맞은 답을 쓰시오.

21. '고식지계'의 뜻풀이로 올바른 것은? (　　　　　)

①많으면 많을수록 더욱 좋음.　　　② 얼음과 숯의 성질이 정반대라서 서로 용납하지 못함.

③ 자기 몸을 상해 가면서까지 꾸며 내는 계책　　④우선 당장 편한 것만을 택하는 꾀나 방법.

22. '배를 그러안고 넘어질 정도로 매우 웃음'의 뜻을 가진 한자성어는? (　　　　　)

①포복절도　　　②선견지명

③청출어람　　　④정저지와

23. 다음 한자어의 사전적 뜻풀이로 옳지 <u>않은</u> 것은? (　　　　　)

① <u>자만</u>에 빠지면 발전할 수 없다. → 자신이나 자신과 관련 있는 것을 스스로 자랑하며 뽐냄.

②그 두 문제를 <u>결부</u>시켜서 거론하지 마시오. → 일정한 사물이나 현상을 서로 연관시킴.

③<u>염치</u>가 있으면 다시는 안 그럴 것이다. → 체면을 차릴 줄 알며 부끄러움을 아는 마음.

④내일의 <u>서광</u>이 비칠 것이다. → 해질 무렵에, 하늘이 햇빛에 물들어 벌겋게 보이는 현상.

24. 다음 중 뜻이 통하는 것끼리 이으시오.

①애오라지 ·　　　· ㉠갈피를 잡지 못하고 이리저리 헤매는 모양.

②갈팡질팡 ·　　　· ㉡'겨우', '오로지'를 강조하여 이르는 말.

③바락바락 ·　　　· ㉢성이 나서 잇따라 기를 쓰거나 소리를 지르는 모양.

④얼키설키 ·　　　· ㉣관계나 일, 감정 따위가 복잡하게 얽힌 모양.

⑤우물우물 ·　　　· ㉤ 말을 입 안에서 자꾸 중얼거리는 모양.

뜻이 통하는 것끼리 줄로 이으시오.

25. 단일 구성 ·

26. 복합 구성 ·

27. 피카레스크식 구성 ·

28. 평면적 구성 ·

29. 입체적 구성 ·

30. 액자식 구성 ·

· ㉠작품 속에 하나의 사건이 진행되는 가운데 새로운 사건이 일어나 앞의 사건과 연관되어 이야기가 이어지는 소설 구성 방식.

· ㉡ 하나의 이야기로 구성된 소설 구성의 한 유형으로 단편 소설에서 주로 쓰인다.

· ㉢ 독립된 여러 개의 이야기를 모아, 전체적으로 보다 큰 | 토 | 이 | 서 | 있게 구성하는 방식.

· 다양한 요소들이 있으면서도 전체가 하나로서 파악되는 성질.

· ㉣소설에서 사건이 시간의 흐름에 따라 과거, 현재, 미래로 진행되는 방식.

· ㉤ 소설에서 사건을 시간의 순서에 따라 전개하지 않고 순서를 뒤바꾸어 진행하는 방식.

· ㉥ 이야기 속에 하나 또는 그 이상의 이야기가 들어 있는 구성.

제15강

다음 중 서로 뜻이 통하는 것을 고르시오.

쏘다	①활이나 총, 대포 따위를 일정한 목표를 향하여 발사하다. ② 말이나 시선으로 상대편을 매섭게 공격하다.

1. 텔레비전을 켜니 총 쏘는 소리가 들렸다. (　　　　　)

2. 참다 못 이겨 말 한마디 시원하게 쏘았다. (　　　　　)

견디다	①어려운 환경에 계속해서 버티면서 살아 나가는 상태. ②열, 압력 같은 외부의 작용에도 원래 상태나 형태를 유지함.

3. 많이 힘들었지만 참고 견딜 것이다. (　　　　　)

4. 공은 뜨거운 열에 더 견디지 못하고 녹아내리기 시작했다. (　　　　　)

세다	①힘이 많다. ②행동하거나 밀고 나가는 기세 따위가 강하다. ③물, 불, 바람 따위의 기세가 크거나 빠르다.

5. 불길이 세서 진입도 못하고 있었다. (　　　　　)

6. 호랑이는 힘이 세다. (　　　　　)

7. 고집이 세서 설득하기 힘들다. (　　　　　)

뜻이 통하는 것끼리 줄로 이으시오.

8. 권문세족 ·

9. 성골 ·

10. 진골 ·

11. 신진 사대부 ·

12. 두품 ·

13. 중인 ·

14. 사대부 ·

· ㉠ 시대 골품의 첫째 등급.

· ㉡ ㅂ ㅅ 이 높고 권세가 있는 집안.

▸ 관아에 나가서 나랏일을 맡아 다스리는 자리.

· ㉢ 새로운 어떤 분야나 사회로 나아가는 사대부.

· ㉣ 신라 때에 둔, 골품의 둘째 등급. 부계와 모계 가운데 어느 한쪽이 왕족인 사람이다.

· ㉤ 벼슬이나 무 ㅂ 이 높은 집안의 사람.

▸ 대대로 내려오는 그 집안의 사회적 신분이나 지위.

· ㉥ 신라 때에, 골품 제도에서 진골 아래에 해당하는 시 부 계급.

▸ 개인의 사회적인 위치나 계급. 봉건 사회에서는, 사회관계를 구성하는 서열

· ㉦ 조선 시대에, 야 바 과 평민의 중간에 있던 신분 계급.

▸ 고려 · 조선 시대에, 지배층을 이루던 신분.

다음 관용구에 관한 문제를 푸시오.

15. 다음 중 빈칸에 공통적으로 들어갈 말은? (   )

· ____로 가다

▸ 먹은 것이 살이 되다.

· ____을 깎다

▸ 견디기 힘든 고통을 감수하다.

· ____을 붙이다

▸ 바탕에 여러 가지를 덧붙여 보태다.

· 뼈와 ____이 되다

▸ 정신적으로 도움이 되다.

16. 다음 중 빈칸에 공통적으로 들어갈 말은? (   )

· ____을 적시다

▸ 눈물을 흘리다.

· ____ 낯이 없다

▸ 대할 면목이 없을 정도로 미안한 마음이다.

· 별 ____ 일 없다

▸ 대단하지 않고 하찮다.

· ____이 붓다

▸ 못마땅하여 뾰로통하게 성이 나다.

17. 다음 중 빈칸에 공통적으로 들어갈 말은? (   )

· 피도 ____도 없다

▸ 조금도 인정이 없다.

· ____을 거두다

▸ 울음을 그치다.

다음 문제를 보고 답을 쓰시오.

18. 다음 중 '구리다'의 뜻이 아닌 것은? (　　　　　)

① 똥이나 방귀 냄새와 같다.　　② 하는 짓이 더럽고 지저분하다.

③ 행동이 떳떳하지 못하고 의심스럽다.　　④겁이 없고 야무지다.

19. 다음 중 고유어가 아닌 것은? (　　　　　)

①곰비임비　　②싱겁다

③항간　　④애처롭다

20. 다음 단어의 사전적 뜻풀이로 옳지 않은 것은? (　　　　　)

①자승수→스스로 행한 행동이 결국에 가서는 자신에게 불리한 결과를 가져오게 됨.

②미증유→지금까지 한 번도 있어 본 적이 없음.

③완강하다 → 흠이 없이 완전하다.

④발연하다→왈칵 성을 내는 태도나 일어나는 모양이 세차고 갑작스럽다.

21. 다음 중 뜻이 통하는 것끼리 이으시오.

①비루하다 ·　　· ㉠남의 힘을 빌려서 의지하다.

②분수령 ·　　· ㉡ 행동이나 성질이 너절하고 더럽다.

③수납 ·　　· ㉢ 돈이나 물품 따위를 받아 거두어들임.

④빙자하다 ·　　· ㉣어떤 일에 나서기를 스스로 청함.

⑤자청 ·　　· ㉤어떤 사실이나 사태가 발전하는 전환점.

다음 빈칸에 알맞은 말을 쓰시오.

22. 세탁기를 새것으로 (가름/갈음)하였다.

・다른 것으로 바꾸어 | | 시 | 함.

23. 중요한 임무를 (띠고/떼고) 부담감을 가지지 않도록 노력했다.

・용무나, 직책, 사명 따위를 지니다.

24. 문제의 답을 정확히 (맞혔다/맞췄다.)

・**맞다** 문제에 대한 답이 틀리지 않다. 맞히다는 '맞다'의 사동사.

25. (학생으로서/학생으로써) 본분를 다하고 싶다.

・신분, 자격, 지위의 의미

26. (반드시/반듯이) 새해 소망을 이루고 말겠다.

・틀림없이 | 꼬 | .

27. 무를 굵은소금에 (절이고/저리고) 통을 씻었다.

・소금 등을 뿌려서 절게 하다.

28. 아직 키가 (작은/적은) 아이.

・길이, 넓이, 부피 따위가 비교 대상이나 보통보다 덜하다.

다음 빈칸에 들어갈 알맞은 말을 보기에서 찾아 쓰시오.

29. 일정한 형식과 규칙에 맞추어 지은 시를 ________라고 한다.

30. ____________개인의 감정이나 정서를 | ㅈ | 과 | 저 | 으로 표현한 시다.

· 자기의 견해나 관점을 기초로 하는.

31. ____________는 정해진 형식이나 운율에 구애받지 아니하고 자유로운 형식으로 이루어진 시다.

32. | 사 | 무 | 형식으로 된 시를 ________라고 한다.

· 율격에 얽매이지 않고 자유로운 문장으로 쓴 글로 소설, 수필 등이 있다.

33. 역사적 사실이나 | 시 | | , 전설등을 서사적 형태로 쓴 시를 __________라고 한다.

· 고대인의 사유나 표상이 반영된 신성한 이야기.

34. | 희 | 고 | 형식으로 된 시를 __________라고 한다.

· 공연을 목적으로 하는 연극의 대본.

보기

서정시 서사시 극시 정형시 자유시 산문시

제16강

다음 문제를 보고 푸시오.

1. 다음 중 '담담하다'의 뜻이 아닌 것은? (　　　　　)

①차분하고 평온하다　②사사롭지 않고 객관적이다

③물의 흐름 따위가 그윽하고 평온하다　④흡족하여 기분이 좋다

2. '청출어람'과 가장 비슷한 속담은? (　　　　　)

①바늘구멍으로 황소바람 들어온다　②수박 겉 핥기

③까마귀 날자 배 떨어진다　④나중에 난 뿔이 우뚝하다

3. 다음 중 '여리다'의 뜻이 아닌 것은? (　　　　　)

①의지나 감정 따위가 모질지 못하고 약간 무르다.

②빛깔이나 소리 따위가 약간 흐리거나 약하다.

③ 단단하거나 질기지 않아 부드럽거나 약하다.

④ 물리적인 힘이 세다.

4. 다음 중 뜻이 통하는 것끼리 이으시오.

①불철주야 ·　· ㉠ 한없이 넓고 넓은 바다

②만경창파 ·　· ㉡ 어떤 일에 몰두하여 밤낮을 가리지 않음.

③수주대토 ·　· ㉢한 가지 일에만 얽매여 발전을 모르는 어리석은 사람

④학수고대 ·　· ㉣윗사람을 농락하여 권세를 마음대로 함

⑤지록위마 ·　· ㉤ 학의 목처럼 목을 길게 빼고 간절히 기다림.

다음 중 옳은 것을 고르고 빈칸에 알맞은 말을 쓰시오.

5. 서로를 (**각별이/각별히**) 여기는 모습이 인상적이다.

- 어떤 일에 대하여 유달리 | 트 | 벼 | 하 | 마음가짐이나 자세로.

6. (**쓸쓸히/쓸쓸이**) 부는 바람을 맞으며 간다.

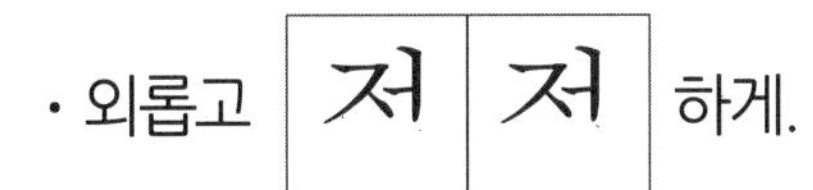

하게.

7. 무시하는 그 말을 듣고 (**심이/심히**) 불쾌하다.

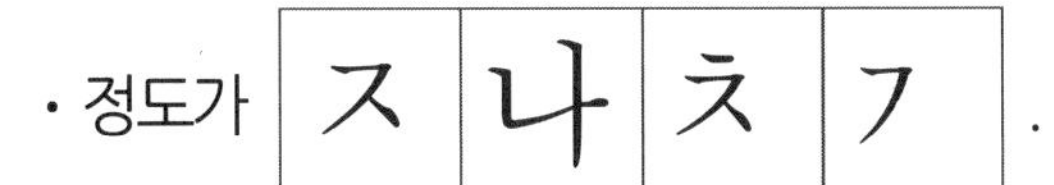

.

8. 손을 (**깨끗이/깨끗히**) 씻자.

- 사물이 | ㄷ | | ㅈ | 않게.

9. 앞을 보고 (**정확히/정확이**) 발음하세요.

- 바르고 | 화 | 시 | 하게.

10. 생각에 잠긴 듯 (**가만히/가만이**) 있었다.

- 움직이지 않거나 아무 말 없이.

11. 매일 같은 시간에 갔지만 (**번번히/번번이**) 헛걸음을 했다.

- 매 때마다.

뜻이 통하는 것끼리 줄로 이으시오.

12.발단 ·

13. 전개 ·

14. 위기 ·

15. 절정 ·

16.결말 ·

· ㉠소설의 구성 단계 중 [ㄷ][이][ㅂ]에 해당하는 부분으로 등장인물이 소개되거나 배경 및 기본 상황이 설정된다. 사건의 전개 방향을 암시하여 독자의 흥미를 유발한다.

▸ 연극이나 영화에서 본격적인 영화에 들어가기 전의 첫 단계.

· ㉡소설의 구성 단계 중 마지막에 해당되며 인물들 사이의 갈등이 해소되고 사건이 마무리된다.

[대][다][원] 이라고도 한다.

· ㉢극이나 소설의 전개 과정에서 갈등이 [최][ㄱ][ㅈ]에 이르는 단계.

▸ 어떤 분위기나 감정 따위가 가장 높은 정도에 이른 상태.

· ㉣플롯의 발전 단계 중 하나로, 사건의 변화 혹은 클라이맥스를 [ㅇ][바] 시키는 전환의 계기가 된다. 단편 소설에서 대개 절정과 결말의 열쇠를 제공한다.

▸ 어떤 것이 다른 일을 일어나게 함.

· ㉤내용을 진전시켜 펴 나감.

다음 중 밑줄 친 단어의 뜻으로 알맞은 것을 고르시오.

17. 옹색한 태도에 역정이 나고 말았다. (   )

①남을 너그럽게 감싸 주거나 받아들이는 힘.

②생각이 막혀서 답답하고 옹졸하다.

18. 진상을 규명해야 한다. (   )

①일의 사정이나 상황을 말함.

②인간이 갖고 있는 가장 근원적인 힘.

19. 뜻밖의 봉변을 당하여 당황스러웠다. (   )

①보통 상태에 비하여 두드러지게 다르다.

②뜻밖의 변이나 망신스러운 일을 당함.

20. 길목에 쓰레기가 산적되어 있다. (   )

①물건이나 일이 산더미같이 쌓이다.

②물 위나 물속, 또는 공기 중에 떠다니다.

21. 대자연의 풍광을 담은 멋진 사진이다. (   )

①산이나 들, 강, 바다 따위의 자연이나 지역의 모습.

②나무들이 무성하게 우거지거나 꽉 들어찬 것.

다음 문제를 푸시오.

22. 다음 중 의미가 <u>다른</u> 것은? (　　　　　　)

①죽마고우　　　　②수어지교

③망운지정　　　　④간담상조

23. 좌정관천과 가장 비슷한 속담은? (　　　　　　)

①우물에 가 숭늉 찾는다　　　　②우는 가슴에 말뚝 박듯

③으르렁대는 소는 받지 않는다　　　　④우물 안 개구리

24. 다음 고유어의 뜻풀이로 옳지 않은 것은? (　　　　　　)

①실랑이 → 이러니저러니, 옳으니 그르니 하며 남을 못살게 굴거나 괴롭히는 일.

②제치다 → 경쟁 상대보다 우위에 서다.

③야물다 → 익숙하지 못하고 엉성하고 거친 데가 있다.

④다락같이 → 물건값이 매우 비싸게.

25. 다음 중 뜻이 통하는 것끼리 이으시오.

①와신상담 ·　　　　· ㉠도저히 불가능한 일을 굳이 하려 함.

②연목구어 ·　　　　· ㉡ 재능이 뛰어난 사람은 숨어 있어도 저절로 사람들에게 알려짐.

③낭중지추 ·　　　　· ㉢원수를 갚거나 마음먹은 일을 이루기 위하여 온갖 괴로움을 견딤.

④거안사위 ·　　　　· ㉣평안할 때에도 위험이 닥칠 것을 생각하며 잊지말고 미리 대비함.

⑤새옹지마 ·　　　　· ㉤ 인생의 길흉화복은 변화가 많아서 예측하기가 어렵다는 말.

다음 속담에 알맞은 답을 쓰시오.

26. 다음 빈칸에 공통적으로 들어갈 말은? (   )

· ____는 씹어야 맛을 안다

· ____도 먹어 본 사람이 많이 먹는다

· 물 밖에 난 ____

27.뜻이 통하는 것끼리 이으시오.

① ____는 씹어야 맛을 안다 · · ㉠ 겉으로만 핥아서는 그 진미를 모른다는 말.

② 물 밖에 난 ____ · · ㉡ 제 능력을 발휘할 수 없는 처지.

③ __도 먹어 본 사람이 많이 먹는다 · · ㉢ 무슨 일이든지 늘 하던 사람이 더 잘한다는 말.

28. 다음 빈칸에 공통적으로 들어갈 말은? (   )

· ____이 날개라

· ____은 새 ____이 좋고 사람은 옛 사람이 좋다

· ____은 나이로 입는다

29.뜻이 통하는 것끼리 이으시오.

① ____이 날개라 · · ㉠ 옷이 좋으면 사람이 돋보인다는 말.

② ____은 나이로 입는다 · · ㉡ 옷차림 따위의 모든 일을 나이나 경우에 어울리게 해야 한다는 말.

③ ____은 새 ____이 좋고 사람은 옛 사람이 좋다 · · ㉢ 물건은 새것이 좋고 사람은 오래 사귀어 서로를 잘 아는 사람이 좋다.

MEMO

제1강 (4~9쪽)

1.합성어

2.암호

3.선정

4.감명

5.작사가

6. 1) 신변잡기적 2) 장르

7.용해로

8.고령화

9.1) 가치관 2) 취향

10.삼각주

11.규칙적

12.프랙털

13.암죽관

14.소나타

15.②

16. ①

17. ①

18. ①

불면증 밤에 잠을 자지 못하는 증상.

19. ①

20. ①

소화 섭취한 음식물을 분해하여 영양분을 흡수하기 쉬운 형태로 변화시키는 일.

호흡 생물이 외계에서 산소를 흡수하고 이산화 탄소를 몸 밖으로 내보냄. 외호흡과 내호흡으로 나눈다.

21. ①

22. ③

23.①

공공재 공중이 공동으로 사용하는 물건, 시설

24. ③

25.자연

26.온도

27. 화합물

화합물 둘 이상의 원소의 원자를 가진 동일한 분자로 이루어진 물질.

28.종류

29.기회비용

30.기름

31.창작

32.1) 잉태 2) 경이로운 3) 뱀 4) 신기

33.지방, 유기

34.축척, 비율

35.통렬하게, 날카롭고

36.포용, 감싸

37.공동체, 집단

38.시큼한, 시다

제2강 (10~15쪽)

1. ①

2. ③

3. ②

4. ③

5. ①

6. ②

7. ①

8. ③

9. ②

10. [눈:]

11. [밤:]

12. [속:]

13.[용: 어]

14.[굴:]

15. [설:]

16. [굴]

17. 뜻

18. 뜻

19. 종합

20.자기들끼리

21.속된

22.새로

23.평소

24. ②

25. ①

26. [호흡]

27.①

28.②

29. [이: 용]

30. ①

31. ②

32. [세: 력]

33. 소리

34. ①㉡ ②㉠ ③㉣ ④㉢

35. 귀

36. ①㉡ ②㉠ ③㉣ ④㉢

37.③

38.①

39.③

40.①

41.①

42.③

원소 모든 물질을 구성하는 기본적 요소. 원자핵 내의 양성자 수와 원자 번호가 같다.

제3강 (16~21쪽)

1.해안선

2.촌락

3.가혹한

4.해학

5.대담한

6.합리적

7.우열

8.간과하다

9 특효

10.홀연히

11.존중, 귀중

12.이롭게, 이익

13.고인돌, 무덤

14.표면, 바깥

15.붕괴, 깨어짐

16.관습, 질서

17. 쾌유, 나음

18. 압력

19. 수거

20. 만류

21. 회유

22. 콘텐츠

23. 신대륙

24. 아가페

25. 극작가

26. 단념

27. 해발

28. 일교차

29. 랜드마크

30. 선천적

31. 유전

32. ①

33. ②

34. ②

35. ②

36. ①

37. ③

38. ①

39. ②

40. ①

41. ③

42. [씬따]

43. ②

44. ①

제4강(22~27쪽)

1. 사라짐

2. 유무

3. 억누름

4. 지하

5. 곧게

6. 싸움

7. 칭호

8. ①

권력 남을 복종시키거나 지배할 수 있는 공인된 권리와 힘. 특히 국가나 정부가 국민에 대하여 가지고 있는 강제력을 이른다.

9. ②

증설 더 늘려 설치함.

10. ②

11. ②

묘사 어떤 대상이나 사물, 현상 따위를 언어로 서술하거나 그림을 그려서 표현함.

12. ①

13. ③

14. ②

자립성 남에게 예속되거나 의지하지 아니하고 자기 스스로 서려는 성질.

15. ①

밀도 빽빽이 들어선 정도.

16. ③

17.②

나태하다 행동, 성격 따위가 느리고 게으르다.

18.①

19.②

사명감 주어진 임무를 잘 수행하려는 마음가짐.

20.①

21.③

22.ⓛ

23.ⓒ

24.ⓜ

25.ⓔ

26.ⓖ

27.ⓗ

28.ⓢ

29.구개음

30.1) 표준어 2)서울말

31.음운의 축약

32.음운의 탈락

33.음향

34.된소리되기

35.1) 어근 2) 접사

36.①

진리 참된 이치

숭배 우러러 공경함.

37.①

이온 전하를 띠는 원자 또는 원자단.

38.②

39.③

황소걸음 비록 느리기는 하나 착실하게 해 나가는 행동.

40.②

포만감 넘치도록 가득 차 있는 느낌.

제5강 (28쪽~33쪽)

1.①

2.③

3.②

번잡하다 번거롭게 뒤섞여 어수선하다.

4.②

5.①

6.③

7.②

8.①

사표 직책에서 사임하겠다는 뜻을 적어 내는 문서.

9.③

10.말

11.①ⓒ ②ⓔ ③ⓛ ④ⓖ

신용하다 믿을 만한 것으로 받아들이다.

12. 새

13.①ⓛ ②ⓒ ③ⓖ ④ⓔ

헛소문 근거 없이 떠도는 소문.

14.①

관념 어떤 일에 대한 견해나 생각.

15.②

천체 우주에 존재하는 모든 물체.

16.①

권세 권력과 세력을 아울러 이르는 말.

정권 정치상의 권력

직책 직무상의 책임.

17.②

18.①

침착하다 행동이 들뜨지 아니하고 차분하다.

19.자음

20.역사

변천 세월의 흐름에 따라 바뀌고 변함.

흥망 잘되어 일어남과 못되어 없어짐.

21.가정

22.초현대적

23.다문화가정

국제결혼 국적이 다른 남녀가 결혼하는 일.

24.정체성

본질 본디부터 가지고 있는 사물 자체의 성질이나 모습.

25.조화

26.침략

27.단세포

28.토양

29.역량

30.구성

31.그래프

32.사례

33.자성

자철석 산화 철로 이루어진 산화 광물.

34.시약

녹말 녹색식물의 엽록체 안에서 광합성으로 만들어져 뿌리, 줄기, 씨앗 따위에 저장되는 탄수화물.

검출하다 화학 분석에서, 시료 속에 있는 화학종이나 미생물 따위의 존재 유무를 알아내다.

정량하다 양을 헤아려 정하다.

35.지구 과학

지질학 지구와 그 주위의 지구형 행성을 연구하는 학문.

36.인력

영양소 성장을 촉진하고 생리적 과정에 필요한 에너지를 공급하는 영양분이 있는 물질.

37.해독

38.인공적

39.번화한

화려하다 환하게 빛나며 곱고 아름답다.

40.분비

액즙 물기가 들어 있는 물체에서 짜낸 액체

배출관 분비물을 밖으로 내보내는 관.

제6강 (34~39쪽)

1①

2.②

3.③

비누칠 때를 빼거나 씻기 위하여 비누로 문지르는 일.

4.②

재건축 기존에 있던 건축물을 허물고 다시 세우거나 쌓아 만듦.

5.①

6.②

7.①

8.③

9. ㉡, 부족

10.㉠

11.㉢, 향찰

12.㉣

13.㉥, 민중

14.㉤

15.㉦, 각운

16.혈압

17.뽐

의기양양하다 뜻한 바를 이루어 만족한 마음이 얼굴에 나타난 상태이다.

18.중심

19.성공, 실패

20.푸른

21.인류

메소포타미아 문명 티그리스강과 유프라테스강 유역에서 번영했던 고대 문명.

22.조심성

23.개

24.

①㉡

②㉣

③㉠

④㉢

배은망덕하다 남에게 입은 은덕을 저버리고 배신하는 태도가 있다.

같잖다 하는 짓이나 꼴이 제격에 맞지 않고 눈꼴사납다.

25.배

26.

①㉡

②㉠

③㉢

④㉣

단번에 단 한 번에.

무례하다 태도나 말에 예의가 없다.

27. 손

씀씀이 돈이나 물건 혹은 마음 따위를 쓰는 형편.

후하다 마음 씀씀이나 태도가 너그럽다.

28. 눈

격분하다 몹시 분하고 노여운 감정이 북받쳐 오르다

사리 분별 일의 이치를 구별하여 가르는 일.

29.이

30.허점

불충분하다 만족할 만큼 넉넉하지 않다.

허술하다 치밀하지 못하고 엉성하여 빈틈이 있다.

21.간특한

악독하다 마음이 흉악하고 독하다.

32.반란

33.등급

맨눈 안경이나 망원경, 현미경 따위를 이용하지 아니하고 직접 보는 눈.

34.위화감

해명하다 까닭이나 내용을 풀어서 밝히다

35.공박

제7강 (40~45쪽)

1.②

요약 말이나 글의 요점을 잡아서 간추림.

2.①

기색 어떠한 행동이나 현상 따위가 일어나는 것을 짐작할 수 있게 하여 주는 눈치나 낌새.

3.②

환전하다 서로 종류가 다른 화폐와 화폐, 또는 화폐와 지금을 교환하다.

4.②

5.②

6.①

7.②

8. [그키]

9.①

10.②

11. [실험적]

12.①

13.②

14.ⓛ

수사법 효과적 · 미적 표현을 위하여 문장과 언어를 꾸미는 방법.

15.ⓒ

무생물 생물이 아닌 물건. 세포로 이루어지지 않은 돌, 물, 흙 따위를 이른다.

16.ⓖ

17.ⓢ

18.ⓡ

암시적 알지 못하는 사이에 어떤 관념이나 감각 따위를 일으키게 하는 것.

19.ⓑ

과도하다 정도에 지나치다.

20.ⓜ

강조 어떤 부분을 특별히 강하게 주장하거나 두드러지게 함.

21. 침

번지르르하다 말이나 행동 따위가 실속은 전혀 없이 겉만 그럴듯하다.

22. 사람

품성 품격과 성질을 아울러 이르는 말.

품격 사람 된 바탕과 타고난 성품.

인격 사람으로서의 품격

품행 품성과 행실을 아울러 이르는 말.

행실 실지로 드러나는 행동.

덕성 덕이 있다는 평판.

23. 손톱

아무지다 사람의 성질이나 행동, 생김새 따위가 빈틈이 없이 꽤 단단하고 굳세다.

인색하다 어떤 일을 하는 데 대하여 지나치게 박하다.

24. 뼈

25.

①ⓛ

②ⓖ

③ⓒ

여위다 몸의 살이 빠져 파리하게 되다.

파고들다 깊숙이 안으로 들어가다.

헌신하다 몸과 마음을 바쳐 있는 힘을 다하다.

조직 특정한 목적을 달성하기 위하여 여러 개체나 요소를 모아서 체계 있는 집단을 이룸. 또는 그 집단.

공동체 생활이나 행동 또는 목적 따위를 같이하는 집단.

평생토록 살아서 목숨이 다할 때까지.

26. 무릎

27.

①㉢

②㉠

③㉡

항복하다 적이나 상대편의 힘에 눌리어 굴복하다.

굴복하다 머리를 숙이고 꿇어 엎드리다.

희미하다 분명하지 못하고 어렴풋하다.

28.한자어

우리말 우리나라 사람의 말.

29.고유어

30.유의어

31.동의어

32.전문어

33.반의어

제8강 (46~51쪽)

1.②

2.①

3.③

죄 ① 양심이나 도리에 벗어난 행위. ② 잘못이나 허물로 인하여 벌을 받을 만한 일.

누명 사실이 아닌 일로 이름을 더럽히는 억울한 평판.

4.③

5.②

6.①

7.②

8.③

9.①

10.㉡, ⓕ

옹립하다 임금으로 받들어 모시다.

11.㉠, ⓑ

양잠 누에를 기름.

장려하다 좋은 일에 힘쓰도록 북돋아 주다.

12.㉣, ⓐ

13.㉢, ⓒ

설화 각 민족 사이에 전승되어 오는 신화, 전설, 민담 따위를 통틀어 이르는 말.

14㉥, ⓓ

15.㉤ , ⓔ

유민 망해 없어진 나라의 백성.

16.㉦, ⓗ

17.㉧ , ⓖ

위화도 회군 고려 우왕 14년(1388), 명나라의 랴오둥을 공략하기 위하여 출정했던 이성계 등이 위화도에서 회군하여 왕을 내쫓고 최영을 유배한 뒤 정권을 장악한 사건. 조선 왕조 창건의 기반이 되었다.

18. 동질감

19. 이질감

20.이물감

21.괴리감

22.자괴감

23.자책감

책망하다 잘못을 꾸짖거나 나무라며 못마땅하게 여기다.

24.③

25.②

26.①

27.②

28.①

29.③

30.②

31.③

32.1)최소한 2)왜곡, 미니멀리즘

33.다다이즘, 표방

34.포스트모더니즘, 도그마

35.아방가르드

36.모더니즘

37.피의자, 미란다 원칙

혐의 범죄를 저질렀을 가능성이 있다고 봄. 또는 그 가능성. 수사를 개시하게 되는 동기가 된다.

입건되다 피의자의 범죄 혐의 사실이 인정되어 사건이 성립되다.

공소제기 검사가 법원에 특정 형사 사건의 재판을 청구하여 소송을 일으킴.

38.묵비권, 피고인

39.김영란법, 금품, 수수

공직자 공무원, 국회 의원 따위의 공직에 종사하는 사람.

40.처벌, 착한 사마리아 인의 법

형벌 범죄에 대한 법률의 효과로서 국가 따위가 범죄자에게 제재를 가함.

제9강 (52~57쪽)

1.비열

열량 열에너지의 양. 단위는 보통 칼로리(cal)로 표시한다.

2.쌍방향

3.스톡옵션

매입하다 물건 따위를 사들이다.

4.암모니아

5.유연관계

6.제자백가

섭렵하다 많은 책을 널리 읽거나 여기저기 찾아다니며 경험하다. 물을 건너 찾아다닌다는 뜻에서 나온 말이다.

7.발

몸소 직접 제 몸으로.

8.팔

질색 몹시 싫어하거나 꺼림.

친분 아주 가깝고 두터운 정분.

9.이마

수심 매우 근심함.

10.고비

11.의의

물꼬 어떤 일의 시작을 비유적으로 이르는 말.

12.취업난

13.건재

과시하다 사실보다 크게 나타내어 보이다.

14.숙환

별세하다 윗사람이 세상을 떠나다.

15.궤변

격앙하다 기운이나 감정 따위가 격렬히 일어나 높아지다.

16.경질

논란 여럿이 서로 다른 주장을 내며 다툼.

17.서론

논의 논하는 말이나 글의 뜻이나 의도.

18.본론

19.결론

20.논증

탄탄하다 조직이나 기구 따위가 쉽게 무너지거나 흔들리지 않는 상태에 있다.

21.연역법

삼단 논법 대전제와 소전제의 두 전제와 하나의 결론으로 이루어진 연역적 추리법.

22.귀납법

인과 관계 어떤 행위와 그 후에 발생한 사실과의 사이에 원인과 결과의 관계가 있는 일.

23.토익

비즈니스 어떤 일을 일정한 목적과 계획을 가지고 짜임새 있게 지속적으로 경영함

24.토플

중점 가장 중요하게 여겨야 할 점.

25.한국사 능력 검정 시험

일반인 특별한 지위나 신분을 갖지 아니하는 보통의 사람. 어떤 일에 특별한 관계가 없는 사람.

26.한국어능력시험

모국어 자기 나라의 말.

27.손

28.①ㄴ ②ㄷ ③ㄱ

29.얼굴

30.①ㄱ ②ㄷ ③ㄴ

제10강 (58~63쪽)

1. 내비게이션

지름길 멀리 돌지 않고 가깝게 질러 통하는 길.

2.성에

서릿발 땅속의 물이 얼어 기둥 모양으로 솟아오른 것.

3.기호

4.고유어

5.언어폭력

욕설 남의 인격을 무시하는 모욕적인 말. 또는 남을 저주하는 말.

협박 겁을 주며 압력을 가하여 남에게 억지로 어떤 일을 하도록 함.

6.멍에

구속 행동이나 의사의 자유를 제한하거나 속박함.

억압 자기의 뜻대로 자유로이 행동하지 못하도록 억지로 억누름.

7.퇴적

8.방지

끓임쪽 액체를 끓일 때, 액체가 끓는점 이상으로

가열되어서 갑자기 끓어오르는 것을 방지하기 위하여 넣는 돌이나 유리 조각 따위.

9.노동 착취

근로자 근로에 의한 소득으로 생활을 하는 사람.

임금 근로자가 노동의 대가로 사용자에게 받는 보수.

10. 도리

바른길 정당한 길. 또는 참된 도리.

11. 히스패닉

라틴 아메리카 아메리카에서 과거에 라틴 민족의 지배를 받았던 지역을 통틀어 이르는 말. 북아메리카 남부에서 남아메리카에 걸치며, 멕시코 · 아르헨티나 · 브라질 등이 이에 속한다.

12.유행

추종 뒤를 밟아 쫓아간다는 뜻으로, 옛일을 더듬어 찾음

13.무한히

원주율 원둘레와 지름의 비. 약 3.14:1이며 기호는 π.

14.노폐물

생체 생물의 몸. 또는 살아 있는 몸.

대사산물 물질대사에 관여하거나 물질대사 과정에서 생성되는 물질.

15.②

공헌도 어떤 일이나 단체에 이바지한 정도.

유급 급료가 있음.

주휴일 주마다 쉬는 날. 주로 일요일을 가리킨다.

16.①

합심하다 여러 사람이 마음을 한데 합하다.

17.②

투자자 투자하는 사람

자금 사업을 경영하는 데에 쓰는 돈.

불입하다 돈을 내다.

투자하다 이익을 얻기 위하여 어떤 일이나 사업에 자본을 대거나 시간이나 정성을 쏟다.

운용하다 무엇을 움직이게 하거나 부리어 쓰다.

펀드 투자 신탁의 신탁 재산.

18.②

불륜 사람으로서 지켜야 할 도리에서 벗어난 데가 있음.

합리화 이론이나 이치에 합당하게 함.

19.②

실시간 실제 흐르는 시간과 같은 시간.

20.㉡, 업

특허 공업 소유권의 하나

실용신안 실용상의 편리를 위하여 물품의 형상, 구조 따위에 새로운 기술적 고안을 하는 것.

상표 사업자가 자기 상품에 대하여, 경쟁 업체의 것과 구별하기 위하여 사용하는 기호 · 문자 · 도형 따위의 일정한 표지.

감정하다 사물의 특성이나 참과 거짓, 좋고 나쁨을 분별하여 판정하다.

21.㉢

의뢰 남에게 부탁함.

피고 민사 소송에서, 소송을 당한 측의 당사자.

원고 법원에 민사 소송을 제기한 사람.

법률 국가의 강제력을 수반하는 사회 규범

22.㉠

23.㉤

회계 개인이나 기업 따위의 경제 활동 상황을 일

정한 계산 방법으로 기록하고 정보화함.

24.㉣, 세금

납세 세금을 냄.

25.㉦, 의뢰

감정 평가 감정업자가 동산이나 부동산 따위와 같은 재산의 경제적 가치를 판단하여 그 결과를 가격으로 표시하는 일.

26.㉥, 가격

27.㉡

28.㉠

29.㉢, 내적 독백

30.㉤

31.㉣

32.㉥

33.㉦

34.백일장

장려하다 좋은 일에 힘쓰도록 북돋아 주다.

35.1) 콩쿠르 2) 맹연습

경연회 경연을 목적으로 하는 공연회나 발표회.

36.1)논문 2) 여념

대학원생 대학원에 다니는 학생.

37.경시 대회

38. 가창력

39. 출품

품평회 물건이나 작품의 좋고 나쁨을 평하는 모임.

제11강(64~69쪽)

1. ④

파천황 이전에 아무도 하지 못한 일을 처음으로 해냄

사면초가 아무에게도 도움을 받지 못하는, 외롭고 곤란한 지경에 빠진 형편

나무 끝의 새 같다 오래 머물러 있지 못할 위태로운 곳에 있음

2. ①개발 ② 실제

총체적 난국 모든 것이 어려운 상황이나 국면.

3. ③

괄괄하다 성질이 세고 급하다.

4.

①㉡

②㉤

③㉠

④㉢

⑤㉣

덕행 어질고 너그러운 행실.

5.㉢, 바이러스

6.㉡, 충혈

결막 눈꺼풀의 안쪽과 눈알에서 보이는 흰자 부분과 각막을 덮고 있는 막.

알레르기 처음에 어떤 물질이 몸속에 들어갔을 때 그것에 반응하는 항체가 생긴 뒤, 다시 같은 물질이 생체에 들어가면 그 물질과 항체가 반응하는 일.

7.㉠, 환절기

과로 몸이 고달플 정도로 지나치게 일함. 또는 그로 인한 지나친 피로.

8.㉣, 근막

섬유조직 섬유 세포로 이루어진 조직.

9.㉤, 염증

체내 몸의 내부.

10.㉥, 점막

11.㉦

염증성 질환 염증을 일으키는 모든 병.

12. 로코코

우아하다 고상하고 기품이 있으며 아름답다.

경쾌하다 움직임이나 모습, 기분 따위가 가볍고 상쾌하다.

13.미메시스

모방 다른 것을 본뜨거나 본받음.

14.바로크

15.슈투름 운트 드랑

16.르네상스

17.데우스 엑스 마키나

18.①

19.②

여운 아직 가시지 않고 남아 있는 운치.

20. [애트타다]

21.②

22.①

매몰차다 인정이나 싹싹한 맛이 없고 아주 쌀쌀맞다.

23.③

24.①

25.②

26.우화

알레고리 어떤 한 주제 A를 말하기 위하여 다른 주제 B를 사용하여 그 유사성을 적절히 암시하면서 주제를 나타내는 수사법. 은유법과 비슷하나 은유법이 단어나 문장과 같은 작은 단위에서 구사되는 표현 기교인 반면, 알레고리는 이야기 전체가 하나의 총체적인 은유법으로 관철되어 있다는 차이점이 있다.

27.판소리 사설

수궁가 판소리 열두 마당의 하나. 고전 소설 을 바탕으로 한 판소리로, 토끼와 자라의 행동을 통하여 인간을 풍자한 내용이다.

28.신소설

29.고전 소설

30.소설

31.현대 소설

32.사설

논설 어떤 주제에 관하여 자기의 의견이나 주장을 조리 있게 설명함.

33.㉢, 부합

34.㉠

35.㉡

36.㉣

37.㉤

38.㉥

39.㉦, 일관

40.㉧

제12강(70~75쪽)

1. 수성
2. 목성
3. 금성
4. 토성
5. 천왕성

위성 행성의 인력에 의해 그 둘레를 도는 천체.

6. 화성
7.고양이
8.
①㉡
②㉢
③㉠
9. 신발
10.
①㉡
②㉢
③㉠
11.㉡, 연구
12.㉢
13.㉠, 기형
14.㉤, 원리
15.㉣, 화학물질
16. ㉥
17.㉦, 전자

전자 운동 전기장을 가할 때 일어나는 전도 전자의 운동. 전도 전자의 운동에 의해 전류가 흐르게 된다.

음전하 음의 전기를 띤 전하.

원자핵 원자의 중심부를 이루는 입자.

소립자 현대 물리학에서, 물질 또는 장을 구성하는 데 가장 기본적인 단위로 설정된 작은 입자를 통틀어 이르는 말.

18.에피소드, 일화
19.블랙 코미디, 1) 잔혹 2) 기괴 3)통렬한

희극 실없이 익살을 부려 관객을 웃기는 장면이 많은 연극.

20.테마
21.시트콤
22.서스펜스

긴박감 매우 다급하고 절박한 느낌.

23.모티프

회화 여러 가지 선이나 색채로 평면 상에 형상을 그려 내는 조형 미술.

조각 재료를 새기거나 깎아서 입체 형상을 만듦. 또는 그런 미술 분야.

24.허리
25.팔자
26.밥
27.㉡, 부차적
28.㉠, 관통, 전말
29.㉣, 주인공
30.㉢, 관찰, 묘사

제13강 (76~81쪽)

1.①

조성 세상의 되어 가는 형편.

2.①

예절 예의에 관한 모든 절차나 질서.

3.①

4.①

뗀석기 구석기 시대에, 돌을 깨서 만든 돌연장.

5.②

6.자연

7.온도

8.화합물

9.종류

10.기름

11.세대

가보 한 집안의 친족 관계나 내력을 계통적으로 적은 책.

12.쓸쓸

13.1)프리랜서 2)아르바이트

14.채용공고

15.자기소개서

16.면접

인품 사람이 사람으로서 가지는 품격이나 됨됨이.

17.취업

18.창업

실무 실제의 업무나 사무.

19.호모 사피엔스, 고인류

네안데르탈인 1856년 독일 네안데르탈의 석회암 동굴에서 머리뼈가 발견된 화석 인류. 제4빙하기에 살아 있었던 것으로 보며, 지금의 인류와 유인원의 중간 형질이다.

20.오스트랄로피테쿠스, 직립 보행

화석 인류 화석으로 그 존재가 알려져 있는 과거의 인류.

21.호모 에렉투스, 현생 인류

현생 인류 현재 생존하고 있는 인류와 같은 종에 속하는 인류.

22.크로마뇽인

23. 호모 하빌리스

24.혀

유감 마음에 차지 않아서 섭섭하거나 불만스럽게 남아 있는 느낌.

25.목

26.발목

27.취미생활, 취미

28.국가 고시, 면허

29.절대 평가, 기준

30.안전사고, 부주의

31.중간고사, 학력

32.어학연수, 현지

33.관계 당국, 당국

제14강 (82~87쪽)

1.①

회피 몸을 숨기고 만나지 아니함.

2.①

퇴직금 퇴직하는 사람에게 근무처에서 지급하는 돈.

3.②

4.①

5.①

주급 한 주일을 단위로 하여 지급하는 급료.

6.목

7.

①ⓒ

②ⓐ

③ⓑ

공연하다 아무 까닭이나 실속이 없다.

구차하다 말이나 행동이 떳떳하거나 버젓하지 못하다.

8.다리

9.

①ⓐ

②ⓑ

③ⓒ

10.1)지능 2) 추리, 인공 지능

성취 목적한 바를 이룸.

11.1)실재 2)구축, 사차 산업 혁명

12. 연관 검색어

13.빅데이터, 데이터베이스

14.전공

15.재학, 학부생

16.조교

17.시간강사

18.수여,학사학위, 석사학위, 박사학위

19.교직원

20.교수

21.④

다다익선 많으면 많을수록 더욱 좋음.

빙탄불상용 사물이 서로 화합하기 어려움

고육지책 어려운 상태를 벗어나기 위해 어쩔 수 없이 꾸며 내는 계책

22.①

선견지명 어떤 일이 일어나기 전에 미리 앞을 내다보고 아는 지혜.

청출어람 제자나 후배가 스승이나 선배보다 나음

정저지와 궁벽한 곳에서만 살아서 넓은 세상의 형편을 모르는 사람

23.④

서광 새벽에 동이 틀 무렵의 빛.

24.

①ⓑ

②ⓐ

③ⓒ

④ⓓ

⑤ⓔ

25.ⓑ

26.ⓐ

27.ⓒ, 통일성

28.㉣

29.㉤

30.㉥

제15강 (88~93쪽)

1.①

2.②

3.①

4.②

5.③

6.①

7.②

기세 기운차게 뻗치는 모양이나 상태.

8.㉡, 벼슬

권세 권력과 세력

9.㉠

10.㉣

부계 아버지 쪽의 혈연 계통.

모계 어머니 쪽의 핏줄 계통.

왕족 임금의 일가.

11.㉢

12.㉥, 신분

봉건 사회 중세 시대에, 봉건적 생산 양식을 바탕으로 한 사회. 영주와 농노를 기본 계급으로 하며, 노예제 사회와 자본주의 사회의 중간 단계에 위치한다.

서열 일정한 기준에 따라 순서대로 늘어섬.

13.㉦, 양반

평민 벼슬이 없는 일반인.

14.㉤, 문벌

지위 개인의 사회적 신분에 따르는 위치나 자리.

15.살

16.볼

뾰로통하다 못마땅하여 얼굴에 성난 빛이 나타나 있다.

하찮다 그다지 훌륭하지 아니하다.

17.눈물

16.②

17.①

18.④

야무지다 사람의 성질이나 행동, 생김새 따위가 빈틈이 없이 꽤 단단하고 굳세다.

19.③

항간(巷間) 일반 사람들 사이.

곰비임비 물건이 거듭 쌓이거나 일이 계속 일어남을 나타내는 말.

싱겁다 음식의 간이 보통 정도에 이르지 못하고 약하다.

애처롭다 가엾고 불쌍하여 마음이 슬프다.

20.③

완강하다 기질이 꿋꿋하고 곧으며 고집이 세다.

21.

①㉡

②㉤

③㉢

④㉠

⑤㉣

22.갈음, 대신

23. 띠고

부담감 어떠한 의무나 책임을 져야 한다는 느낌.

24. 맞혔다

사동사 문장의 주체가 자기 스스로 행하지 않고 남에게 그 행동이나 동작을 하게 함을 나타내는 동사.

25. 학생으로서

본분 의무적으로 마땅히 지켜 행하여야 할 직분.

26. 반드시, 꼭

27. 절이고

28. 작은

29. 정형시

30. 서정시, 주관적

견해 어떤 사물이나 현상에 대한 자기의 의견이나 생각.

31. 자유시

구애 거리끼거나 얽매임.

32. 산문, 산문시

33. 신화, 서사시

사유 대상을 두루 생각하는 일.

신성하다 함부로 가까이할 수 없을 만큼 고결하고 거룩하다.

34. 희곡, 극시

제16강 (94~99쪽)

1. ④

사사롭다 공적이 아닌 개인적인 범위나 관계의 성질이 있다.

그윽하다 깊숙하여 아늑하고 고요하다.

평온하다 조용하고 평안하다.

흡족하다 조금도 모자람이 없을 정도로 넉넉해 만족하다.

2. ④

바늘구멍으로 황소바람 들어온다 작은 것이라도 때에 따라서는 소홀히 하여서는 안 됨을 비유적으로 이르는 말.

수박 겉 핥기 사물의 속 내용은 모르고 겉만 건드리는 일.

까마귀 날자 배 떨어진다 아무 관계 없이 한 일이 공교롭게도 때가 같아 어떤 관계가 있는 것처럼 의심을 받게 됨.

3. ④

4.

①㉡

②㉠

③㉢

④㉤

⑤㉣

몰두하다 어떤 일에 온 정신을 기울여 열중하다.

농락하다 남을 교묘한 꾀로 휘잡아서 제 마음대로 놀리거나 이용하다.

간절히 더없이 정성스럽고 지극한 마음으로.

5. 각별히, 특별한

6. 쓸쓸히, 적적

7. 심히, 지나치게

8. 깨끗이, 더럽지

9. 정확히, 확실

10. 가만히

11. 번번이

번번히 ① 구김살이나 울퉁불퉁한 데가 없이 편편하고 번듯하게. ② 생김새가 음전하고 미끈하게. ③ 물건 따위가 멀끔하여 보기도 괜찮고 제법 쓸 만하게.

12. ㉠, 도입부

암시하다 넌지시 알리다.

본격적 제 궤도에 올라 제격에 맞게 적극적인.

13. ㉤

14. ㉣, 유발

플롯 문학 작품에서 형상화를 위한 여러 요소들을 유기적으로 배열하거나 서술하는 일. 구성과 같은 말이다.

15. ㉢, 최고조

16. ㉡, 대단원

17. ②

18. ①

19. ②

망신 말이나 행동을 잘못하여 자기의 지위, 명예, 체면 따위를 손상함.

20. ①

근원적 사물이 비롯되는 근본이나 원인이 되는. 또는 그런 것.

21. ①

우거지다 풀, 나무 따위가 자라서 무성해지다.

무성하게 풀이나 나무 따위가 자라서 우거져 있다.

22. ③

죽마고우 대말을 타고 놀던 벗이라는 뜻으로, 어릴 때부터 같이 놀며 자란 벗.

수어지교 물이 없으면 살 수 없는 물고기와 물의 관계라는 뜻으로, 아주 친밀하여 떨어질 수 없는 사이

간담상조 서로 속마음을 털어놓고 친하게 사귐.

망운지정 자식이 객지에서 고향에 계신 어버이를 생각하는 마음.

23. ④

24. ③

25.

①㉢

원수 원한이 맺힐 정도로 자기에게 해를 끼친 사람이나 집단.

②㉠

③㉡

④㉣

⑤㉤

길흉 운이 좋고 나쁨.

26. 고기

27.

①㉠

②㉡

③㉢

진미 참된 아름다움.

발휘하다 재능, 능력 따위를 떨치어 나타내다.

28. 옷

29.

①㉠

②㉡

③㉢

돋보이다 무리 중에서 훌륭하거나 뛰어나 도드라져 보이다.

문제로 강해지는 카페 http://cafe.naver.com/tlere

출간 이후 발견되는 오류은 문제로 강해지는 카페의 〈정정게시판〉에서 확인하세요.

문제로 강해지는 중등 어휘력 1단계

초판 1쇄 발행 | 2019년 9월 20일

지은이 | 문강
펴낸이 | 공상숙
펴낸곳 | 마음세상

주 소 | 경기도 파주시 한빛로 70 515-501

출판등록 | 2011년 3월 7일 제406-2011-000024호

ISBN | 979-11-5636-359-0 (53700)

원고 투고 | maumsesang@nate.com

* 값 13,200원